LEONARDO MASSI

IL VINO NEL RINASCIMENTO TOSCANO

L'INEBRIANTE FONDAMENTA DEL MONDO CONTEMPORANEO

Youcanprint *Self-Publishing*

Titolo | Il vino nel rinascimento toscano
Sottotitolo | L'Inebriante fondamenta del mondo
contemporaneo
Autore | Leonardo Massi

ISBN | 978-88-93218-93-1

Finito di stampare nel mese di
Novembre 2015

Youcanprint Self-Publishing
Via Roma, 73 – 73039 Tricase (LE) – Italy
www.youcanprint.it
info@youcanprint.it
Facebook: facebook.com/youcanprint.it
Twitter: twitter.com/youcanprintit

Indice

1. INTRODUZIONE

"Il vino è nutriente e ricco di sostanze, porta in tutto il corpo le capacità nutrienti degli altri cibi, grazie ad esso le membra crescono e raggiungono il loro pieno sviluppo"

Non siamo in una qualche società di alcolizzati, ma nella Toscana medioevale culla del rinascimento occidentale. Così infatti nel XIV sec. predicava un domenicano pisano, un tale Giordano. All'epoca non meno entusiasti per il vino erano i laici. Eruditi e non che fossero. De' Crescenzi, uno dei più grandi agronomi medievali, scrisse un trattato sul vino in cui pagina dopo pagina si andavano sommando le sue virtù: utile alla digestione non meno che alla "sanità" del corpo, dà nutrimento ed è da consigliare ad ogni età a seconda della "forza" del bevitore.

Siamo nel basso Medioevo, in quel connubio di terra e uomini alla base della spinta europea verso nuovi orizzonti, non solo figurati e estetici ma anche fisici. Come dimostra il debito morale che Cristoforo Colombo aveva contratto con il cartografo toscano Toscanelli, nome che non ne nega le origini. Una società così a cavallo tra la morigerata religiosità e l'irrefrenabile risolutezza, che non potrebbe avere miglior rappresentante del vino medesimo. Quella società che dal '300 forgiò artisti del calibro di

Giotto, Brunelleschi, Michelangelo, Leonardo e chi più ne ha più ne metta, fu così imbevuta di vino che per avere una vaga idea di tale inebriante inondazione basterà citare solo alcuni dati. Ai primi del '300 Firenze era una città che contava 100.000 abitanti e che assorbiva circa 250.000 ettolitri di vino all'anno. In media all'anno ogni abitante, compresi i bambini, beveva 2,5 ettolitri di vino! Lo studioso Sardi ci ricorda che nel 1334 a Lucca si introdussero 168.000 barili di vino (circa 70.000 ettolitri), la stessa quantità che vi entrò cinque secoli dopo, nel 1834.

CAPITOLO 2

IL VINO E LA SOCIETÀ RINASCIMENTALE

2.1 UNA FONTE DI MONETE SONANTI PER LE CASSE PUBBLICHE E PRIVATE

Il debito contratto dal Rinascimento con il vino è sancito da pochi dati che ci mostrano da dove derivavano gli iniziali grandi flussi finanziari con cui i comuni della rinascita si autofinanziavano. In questo ambito il vino è un assoluto protagonista. Il sistema di tassazione meglio conosciuto è il sistema messo in atto da Firenze, ma la tassazione del vino non era molto diversa nelle altre città della Toscana. Potevano cambiare le aliquote sul prodotto che varcava le porte cittadine o su quello venduto al minuto, a Siena per esempio questa tassa si mantenne su livelli sensibilmente inferiori a quelli visti a Firenze, ma dappertutto il vino fu considerato a lungo la merce più facile da tassare e la più redditizia per l'erario.

Entrando brevemente nello specifico, a Firenze una prima tassa colpiva il vino appena "imbottato" (ossia quello uscito dai tini e dai torchi e collocato nelle botti), ed era quindi una tassa che si rivolgeva in special modo alle campagne. In questo caso il prelievo fiscale era abbastanza limitato: secondo i dati forniti da Pinto, nei primi anni del '300 ammontava a 10 soldi per cogno, ovvero 1 soldo al barile, e dal momento che il prezzo medio di un barile era di 20 soldi, il prelievo era intorno al 5% del valore. Siccome tutti i proprietari fondiari erano tenuti a pagare questa tassa, essa si configurava quindi come integrativa (a volte anche sostitutiva) della tassazione diretta sui beni fondiari. Con questa tassa chi consumava in loco il vino aveva adempiuto ai propri doveri verso l'amministrazione cittadina, con buona soddisfazione da parte dell'erario pubblico; chi invece lo portava in città per venderlo o consumarlo in proprio incorreva in altre imposizioni fiscali. E qua la tassazione iniziava a farsi sentire in maniera più pesante.

D'altronde erano proprio le città i luoghi dove si concentrava il maggior numero di consumatori e quindi i luoghi più prolifici di guadagni per le amministrazioni pubbliche. Si pensi che in Firenze il solo vino venduto al minuto (!), sottoposto a tassazione, dava nel 1338 un gettito vicino ai 60.000 fiorini. Tanto per avere un'idea, Pinto ci ricorda che allora un buon podere poteva costare sui 150-200 fiorini e lo stipendio mensile di un maestro muratore era di2-3 fiorini. Secondo un cronista del tempo, Villani, si trattava della più importante entrata per l'erario dopo quella proveniente dalla gabella sulle porte, ed anche questa per una buona parte si affidava alla tassazione dell'entrata in città del vino. A Firenze negli anni '30 e '40 del trecento questa gabella delle porte in relazione al vino equivaleva a

20 soldi per cogno poi aumentati a 30 (ovvero 2-3 soldi a barile); si trattava quindi di circa il 10-15% del prezzo medio del vino. Non a caso fino alla metà del '300 a Firenze le taverne proliferavano poco fuori le mura cittadine, proprio per sfuggire a quella esosa gabella. Quando la città di Firenze nel 1351 proibì la vendita al minuto del vino per un raggio di circa 1600 m dalle mura, la motivazione che ricaviamo dagli statuti delle "arti dei fornai e dei vinattieri" consisteva in altisonanti proclami per la salvaguardia della salute e della quiete pubblica. Ma è legittimo presumere che al pari della tutela della cittadinanza, alle autorità comunali interessassero anche i forti guadagni che dalle taverne cittadine si potevano ricavare.

Ma dal vino non traevano profitto solo le istituzioni. A Siena ad ogni casa privata era concesso il sacrosanto diritto di vendere vino, in genere tramite una stanza aperta sulla pubblica via. Oltre a ciò non mancano testimonianze, sia per la città che per i centri del contado, della vendita di vino in spazi aperti e da venditori ambulanti (si veda in proposito Tuliani 1997, pp. 63-65)

Il vino era una fonte di guadagno così notevole che "alcuni grandi proprietari terrieri fiorentini" non esitarono a mettere da parte la loro nobiltà per trasformare il piano terreno dei loro prestigiosi palazzi in quelli che oggigiorno definiremmo, senza alcuna riferimento alla nobiltà, spacci aziendali, oppure facendo appello all'imperante inglesismo, dei veri e propri "outlet" del vino. D'altronde molto spesso la nobiltà è un qualcosa che va letteralmente acquistata.

Il vino era una gran fonte di guadagno per i proprietari terrieri, ma proporzionalmente non era di minor profitto per i contadini. Infatti molto spesso i contadini vendevano il vino in eccedenza nei mercati locali o direttamente ai consumatori cittadini; altre volte invece, come testimonia in abbondanza la contabilità dei mezzadri e dei fittavoli, lo cedevano al proprietario in cambio di grano o a parziale contropartita dei debiti accumulati (vedere per esempio alcune testimonianze portate da: G. Cherubini, 1974 p.423; B. Santi 1976, pp. 20, 62, 199). Si può dire che questi prospettati guadagni rendevano i contadini meno esigenti in fatto di qualità di vino da bere.

2.2 LE MESCITE

Le mescite erano locali che derivavano il loro nome da un verbo, "mescere", il cui significato letterale è "versare". Un nome che già di per sé stesso è un programma. E il signore indiscusso di queste mescite era ovviamente il vino.

A Firenze mescite, taverne ed altri pubblici locali distributori di vino erano più numerosi delle panetterie e dei fornai. Nel 1432 per circa 40.000 abitanti, la peste nera del 1348 aveva più che dimezzato la popolazione di Firenze ma non la sua sete di vino, la città poteva offrire una vasta scelta di locali per il consumo di questa alcolica bevanda. Cherubini li quantifica in ben 34 mescite a cui andavano aggiunti tutti gli alberghi, il cui unico divieto era di sorgere a meno di 30 braccia (18 m circa) dai luoghi religiosi. A Firenze, nella città dei banchieri, non si ponevano molte restrizioni alle fonti di guadagno. Ben più sfortunata era invece la sorte dei vinai pisani, di sicuro i più tartassati della regione. Non solo essi non potevano vendere cibarie e alloggiare clienti, ma non potevano né consentire agli avventori di dedicarsi ad una serie di giochi proibiti, né tanto meno, e questo era danno economico assai notevole per questo genere di locali, ospitare meretrici. Le mescite erano aperte dall'alba al tramonto tutto l'anno con l'eccezione del Venerdì Santo. In quel giorno la vendita del vino cessava, a meno che non fossero a richiederlo soldati del comune in partenza o le partorienti. In virtù di un antico precetto giunto fino ai giorni nostri, "il vino fa sangue", chi aveva bisogno di vino più dei soldati che partivano in guerra per il bene del Comune, e delle donne incinta che dovevano sostentare due persone con il medesimo alimento? Fortuna per le mescite che la medicina dell'epoca era assai diversa da quella attuale.

Che le mescite fossero ritenute un bel guadagno ci sorprende poco, ben più ci sorprendono i nomi di illustri personaggi del rinascimento fiorentino che ebbero la brillante idea di sbarcare il lunario aprendo una mescita. Pensare che tra le brillanti idee di un genio per antonomasia come Leonardo, proprio quel Leonardo passato alla storia come Leonardo da Vinci, e di un genio dell'arte come Botticelli, ci fu quella di aprire un'osteria a Firenze può sembrare inverosimile. Eppure è ciò che accadde! Non so chi convinse chi ad aprire l'osteria, probabilmente il motore dell'impresa fu Leonardo, il più appassionato dei due alla cucina. L'osteria aveva però un nome poco appetitoso, se così posso esprimere un parere "di marketing" al mio illustre omonimo, si chiamava "Le tre ranocchie". Nome probabilmente dedicato alle specialità culinarie di un uomo passato alla storia per essere considerato genio in ogni ramo del sapere e di ogni arte in cui abbia messo mano, ma non per la cucina. Un motivo ci sarà. Fortunatamente per l'arte e per la scienza che i due artisti mostrarono poco senso degli affari, e l'osteria fallì presto, facendo ripiegare i due illustri personaggi sulle loro passioni. Il mondo ringrazia gli ubriaconi e l'umile volgo che decretarono il fallimento dell'illustre osteria "le tre ranocchie"! Ma questa associazione tra il genio e l'osteria non dovrebbe suonar così stramba. Si consideri che non molto tempo dopo un altro genio, questa volta interamente dedicato alla scienza, Galileo Galielei, cercò di sbarcare il lunario aprendo una trattoria a Padova, esattamente in Contrà de' Vignali. Nome che già di per sé stesso ci indica quale poteva essere la fonte di maggior guadagno in queste taverne, osterie. Alla memoria della sua meno famosa impresa ora quella stessa via si chiama via Galilei (Bressanin 2008, p.39). La scienza e l'arte all'epoca evidentemente pagavano poco, ben più prospettive dava il commercio del vino!

Non meno interessata alle mescite o osterie che dir si voglia era la politica. Basti pensare che le mescite di Firenze erano il luogo d'elezione dell'elucubrazioni mentali di Macchiavelli. Poteva rinunciare a tutto tranne che alle giornate in compagnia di amici nelle osterie della sua città. Come ben sapeva sua moglie tra una protesta e l'altra. E fu proprio nel periodo di massima frequentazione delle mescite, negli ultimi anni della sua vita, che scrisse "Il Principe". E pensare che l'aggettivo "macchiavellico", pressoché sinonimo di "cinico", ha ben poco a che fare con gli scherzi più o meno volgari e con le risate più o meno sguaiate delle osterie. O forse sì. Ad ogni modo se è pur vero che il pensiero politico rinascimentale trovi il suo culmine ne "Il Principe", allora si deve pur riconoscere che questi popolari luoghi di raccolta,tra un bicchiere mezzo pieno ed uno mezzo vuoto, dovevano essere delle ottime palestre di politica e delle efficienti casse di risonanza di ogni genere di informazione. Delle specie di intestini cittadini atti alla metabolizzazione di qualsivoglia avvenimento sociale e politico. D'altronde le spie al servizio del potere consolidato hanno da sempre pullulato nelle mescite, forse ne erano proprio il loro habitat naturale.

2.3 COSTI DEL VINO TOSCANO DI QUALITÀ MEDIA-BASSA

In generale il vino aveva un costo abbordabile se non si era di palato fine, come la stragrande maggioranza della popolazione. I prezzi oscillavano a seconda della contingenza. Prendiamo in esame il costo medio di un vino di livello medio-basso. Se ci riferiamo ad annate tranquille dal punto di vista annonario, come per il periodo compreso tra il 1413 ed il 1430, allora il vino costava 32 soldi al barile (33 litri e mezzo). Nello stesso periodo l'olio veniva 28 soldi l'orcia, ovviamente l'olio d'oliva, ed il grano 18 soldi lo staio (circa 24 litri e mezzo). Si tratta di prodotti alimentari di uso comune. Da questa analisi comparativa si può ben dedurre che il grano è quello che valeva di più se raffrontato con oggi. Ciò in sintonia con l'importanza fondamentale dei cereali nell'alimentazione del tempo e soprattutto le loro basse rese. Se si considerano invece i periodi di carestia, per esempio il 1411, vediamo che il vino si attestava sui 60 soldi al barile, l'olio 140 soldi l'orcia e il grano 33 soldi lo staio (dati forniti da Pinto). Grosso modo siamo di fronte ad un raddoppiamento dei prezzi sia per il grano che per il vino, ritenuti fondamentali per l'alimentazione, e alla contemporanea esplosione del prezzo dell'olio, ritenuto più un lusso che una necessità di base. Tradotto in termini comparativi ciò vuol dire che un kg d'olio corrispondeva a 2,5 kg di grano e a poco più di 3 l di vino. Ed è da tenere presente che in quei tempi le carestie erano più frequenti delle crisi petrolifere dei giorni nostri.

Se non si avevano quindi grosse pretese il costo del vino, di media-bassa qualità si aggirava intorno agli 0,20-0,25 fiorini, non era di certo una spesa proibitiva. In questo vi è una lunga tradizione nelle terre italiche. Un mio collega di studi universitari, durante la mia prima laurea, era rimasto sbalordito dei tariffari dei lupanari di Pompei. Pompei ci ha conservato tanto, tantissimo, soprattutto di ciò che usualmente si fa ma che usualmente non si tramanda ai posteri. Le prestazioni delle prostitute avevano un tariffario solitamente disegnato sulla parete dell'esercizio della professione. Ciò che sorprese il mio collega, fu lo scoprire che tali prostitute fornivano prestazioni sessuali per l'equivalente di quattro, cinque bicchieri di vino di media qualità. Sulla morigerata società medioevale siamo meno informati riguardo ai tariffari delle prostitute, ma non rispetto al vino. L'impronta della religione cristiana si fece sentire in certi ambiti e meno in altri.

2.4 USO TERAPEUTICO DEL VINO

In una società in cui l'esigenza di purificare l'acqua potabile era una necessità e la ricerca quotidiana del cibo uno sport nazionale, il vino assolveva ad entrambi i compiti in maniera assai dignitosa. L'acqua potabile solitamente era abbastanza sporca e dire che l'uso del vino fosse cagionato anche da motivi igienici può forse sembrare esagerato, perché sulla consapevolezza di tale uso possiamo ragionevolmente avere dei dubbi. Di sicuro però la mentalità contadina che ben prima di quella scientifica era così attenta al principio di causa-effetto, non poteva non rilevare che l'acqua mischiata con il vino fosse più salutare. D'altronde l'acqua "da bere" veniva reperita in due maniere: dai fiumi o dalle falde acquifere attraverso i pozzi. Nel Medioevo non esisteva più l'acqua corrente portata in città dagli acquedotti. Gli acquedotti romani erano per lo più in sfacelo ed inutilizzabili. L'acqua si poteva prendere dai fiumi, ma i fiumi soprattutto in città avevano la funzione di vere e proprie discariche. Vi andava a finire di tutto, dagli scarichi delle varie maestranze ai rifiuti umani. Soprattutto nelle grandi città del tempo, i fiumi e i suoi canali-canaletti rivestivano praticamente il ruolo di fogne pubbliche. L'inquinamento era anche allora un problema serio. Fondamentalmente lo è sempre stato. Di questo problema gli uomini del tempo ne erano ben consapevoli, ma la frammentazione politica a cui era soggetta la Toscana medievale non aiutava certo ad una migliore razionalizzazione del territorio funzionale al reperimento di acqua "buona". Non meno sicura era ovviamente l'acqua proveniente dalla falda acquifera. Per questo è da dire che entrambe le modalità di prelevamento dell'acqua potabile erano soggette a forti rischi per la salute umana. Così era norma comune bere acqua mischiata al vino per le note proprietà disinfettanti dell'alcol. Non per nulla soprattutto in Maremma, zona infestata dalla malaria, il vino fungeva davvero da indispensabile toccasana.

D'altro canto il vino non è solo una bevanda come noi l'intendiamo, ma nel Medioevo era considerato quasi alla stregua di un vero e proprio alimento. Chi beve molto vino rischia sì di diventare alcolizzato, di contrarre la cirrosi e tanti altri pessimi malanni, ma di certo non muore di fame. Il motivo sta nel fatto che il vino è elemento assai calorico, ed in una società in cui si mangiava assai poco l'apporto di calorie era fondamentale. Per questo anche i bambini erano incentivati a bere vino. Da qui forse quell'ancestrale proverbio che collega la Toscana medioevale, e non solo, all'Italia contemporanea: "il vino fa sangue!"

Di sicuro "il vino fa sangue" (o altrimenti l'equivalente espressione "il vino fa buon sangue") è espressione ormai proverbiale in tutta la penisola italica. Mio zio di Firenze ci si riempie spesso la bocca e ci giustifica il bicchiere innanzi, ovviamente senza darne nessun fondamento scientifico. E ciò al pari di tutti i suoi avi. Attualmente però sono venuti in suo aiuto alcuni studi che sembrerebbero confermare e dare una legittimazione a tale espressione. Qua noi studiamo i dati attinenti al basso Medioevo e più propriamente al periodo rinascimentale, ma mi sembra interessante farne un fugace accenno. Sembrerebbe che alcune componenti presenti nei semi d'uva, i cosiddetti procianidolici, avrebbero una benefica influenza sulla circolazione sanguigna agendo da vasodilatatori. Comunque per far contenti cuore e arterie basterebbe mangiare anche solo gli acini di uva rossa. Gli acini sono ricchi di una sostanza simile, dalle stesse proprietà, in tal senso forse ancor più efficiente. Si tratta di una sostanza meno presente nel vino in quanto quest'ultimo lo si fa con il "succo" dell'acino e non con la buccia. Stiamo parlando del resveratrolo. Simili considerazioni erano comunque ben lontane da un cerusico o da un qualsiasi altro erudito medievale. E lo sono attualmente anche da mio zio. Oggigiorno il vino in piccole quantità viene quasi definito un toccasano per il nostro organismo. Ma è anche vero che in dosi moderate quasi tutto ha effetti benefici. Sottolineo il "quasi".

2.5 FUNZIONE SOCIALE

Partendo da queste motivazioni "terapeutiche" il vino si andò affermando in ogni ambito della vita quotidiana. Si tratta di un lato meno noto della società che diede vita alla rinascita occidentale, ma non meno essenziale e caratteristico. I contadini portavano al lavoro un fiasco di vinello utile quanto gli attrezzi da lavoro. Tra le vettovaglie di un esercito il vino costituiva l'elemento principale ed era considerato così benefico da esser concesso anche di Venerdì Santo alle partorienti (secondo lo statuto pisano, Breve Artis Vinariorum, III, p.1123). Il vino spettava ad ogni ricoverato in ospedale. Ritroviamo il vino anche in quel mirabile compendio della cultura medievale che è la Divina Commedia, descrizione di un mondo ancor prima che poema. In essa al vino vengono dedicate le terzine del Purgatorio XXV 86-88, che tanta forza danno ad un elemento già poderoso di per sé stesso: E perché meno ammiri la parola / guarda il calor del sol che si fa vino / giunto a l'omor che da la vite cola.

Sussistono elementi di continuità tra la società medioevale e la nostra, alcuni sono così evidenti che nemmeno ci facciamo caso. Su alcune espressioni legate alla contaminazione del linguaggio comune da parte del vino si è già detto, su altre si dirà nel prosieguo. Qua però portiamo un altro esempio di continuità nell'ambito sociale. Per esempio l'uso che se ne fa nelle feste. Nelle feste l'uso del vino era tutt'altro che morigerato. Pinto ci ricorda che nel 1466 nel banchetto per le nozze di Bernardo Rucellai e Nannina di Piero de' Medici si consumarono 50 barili di trebbiano e 70 di vermiglio, in tutto quasi 5000 litri di vino. Tuliani ci narra come nel Senese in certe comunità rurali, per determinate festività in special modo legate al giorno del santo patrono o del mercato, "si eliminavano le gabelle sul vino per agevolarne il consumo." Vi erano poi altri eventi che si celebravano con abbondanti libagioni di vino. Nei grandi cantieri pubblici e privati il committente aveva un obbligo morale da adempiere al compimento di una costruzione o di una parte di esso (una cupola, una volta, un' architrave) ovvero quello di festeggiare offrendo da bere alle maestranze. Nulla di nuovo rispetto alle tradizioni contemporanea.

Tra gli innumerevoli proverbi attinenti al vino, uno che merita una certa attenzione, se non revisione, è "in vino veritas". Noi lo conosciamo nella sua variante latina, ma era espressione ben più antica e nota soprattutto tra le fonti greche. La traduzione letteraria, che ognuno di noi già conosce, è la seguente: nel vino vi è la verità. Se è pur vero che l'ebbrezza rilassa i freni inibitori, e con essi quindi fatti e pensieri nascosti, come Ateneo di Naucrati fa dire ad uno dei suoi protagonisti de i "Deipnosofisti", è anche pur vero che l'affogarsi nel vino porta a dire anche immani sciocchezze e falsità. Bisognerebbe considerare la quantità: in quanto vino vi è la verità? In proposito Erasmo da Rotterdam fu assai acuto, come sempre, nel considerare questo proverbio tra quelli presi in considerazione nella sua Adagia. D'altronde non siamo sempre di fronte alla dicotomia verità e falsità, a volte c'è una zona più in ombra che è quella della simulazione. E credo proprio che sia il nostro palcoscenico quotidiano, non morale ma fisico. Erasmo da Rotterdam invita a distinguere l'ubriachezza, che falsifica la realtà, da una moderata ebbrezza che a dir suo *"elimina la simulazione e l'ipocrisia"* (Erasmus da Rotterdam, Adagia, Chilias I, centuria 7, 17, n.1617). Il problema, e non è il solo, è che distinguere il labile confine che ci separa dal passare da una moderata ebbrezza all'ubriachezza sfrenata è assai difficile.

Vi sono poi alcune espressioni contemporanee legate all'uso quotidiano del vino nel Medioevo. Ciò ci rimanda alla qualità del vino che beveva la stragrande maggioranza della popolazione. Come si diceva a proposito della tassazione del vino a Firenze, all'epoca non si teneva conto della qualità del vino ma solo della sua quantità. Già questo è un fatto che la dice lunga. Effettivamente il vino medievale non è paragonabile a quello contemporaneo, né per il sapore, non credo che oggigiorno avrebbe gran successo, né tanto meno per la gradazione alcolica. Era infatti un vino assai più leggero, si aggirava intorno ai tre o quattro gradi. Quelli esotici erano più corposi, ma erano rari e limitati al consumo dei ricchi. I ricchi proprietari terrieri poi obbligavano i contadini a cedergli il vino migliore, mentre la povertà imponeva agli stessi agricoltori di vendere quello accettabile obbligandoli a tenere per sé quello peggiore, che costituiva la maggior parte della produzione. Ciò doveva essere un fatto assai risaputo se è vero che in una delle novelle del Sacchetti si legge che i contadini "beono aceto annacquato". Infatti il vino medioevale di maggior uso e diffusione era abbastanza imbevibile, ma per le sue funzioni "terapeutiche" era pur sempre necessario. Di conseguenza alla stragrande maggioranza della popolazione si poneva il problema di come renderselo gradevole. Vi erano diversi metodi per dolcificarlo e quindi renderlo più amabile alle proprie papille gustative. Dal miele, che però era raro, ad una melassa prodotta dalle foglie d'acero; dallo zucchero, che era rarissimo, ai semi di finocchio che erano all'opposto estremamente comuni e di facile reperibilità. Quest'ultimo metodo, il più comune, ci illustra anche dell'importanza del vino e del suo diffusissimo uso all'interno della società medioevale. In questo senso l'uso del vino non può che darci uno spaccato di questa società toscana del basso Medioevo e rinascimentale. È da qua infatti che deriva un deprecabile appellativo dispregiativo rivolto agli omosessuali. In una società fortemente ancorata ad una religione che considerava atto impuro il rapporto sessuale non finalizzato alla generazione di prole, come quello tra individui dello stesso sesso, gli omosessuali venivano moralmente condannati e fisicamente perseguitati. Gli esseri umani da sempre sono portati a descrivere ciò che non vedono con ciò che invece hanno sempre sotto gli occhi, ed il vino era elemento immancabile di ogni loro giornata. Così si procedeva ad instaurare un parallelo tra il vino "non buono" e l'omosessuale. Il discorso era più o meno il seguente: così come se non si poteva bere vino buono bisognava accontentarsi del vino cattivo rendendoselo accettabile "infinocchiendolo", ovvero aggiungendovi dei semi di "finocchio"; così un uomo che aveva un rapporto sessuale con un altro uomo, lo aveva solo ed esclusivamente perché non potendo avere una donna si accontentava di un altro uomo rendendoselo gradevole (usando una metafora) "infinocchiedoselo", ovvero aggiungendovi dei semi di finocchio. In sintesi come si rendeva buono un vino cattivo attraverso i semi di finocchio così si rendeva appetibile (in senso spregiativo) un altro uomo con i medesimi semi. Da qui la becera espressione ancor in uso per designare un omosessuale con il nome di una pianta. Le parolacce sono parole conservative che molto ci insegnano sulla cultura popolare delle società che le esprimono. E quella cultura era profondamente imbevuta di vino per vari motivi.

CAPITOLO 3
IL GIORNO PIÙ ATTESO

3.1 LA VENDEMMIA

La vendemmia era sicuramente una di quelle date che scandiva sonoramente il calendario delle campagne e di conseguenza delle città. Era una data così importante che non si poteva lasciare al singolo giudizio del contadino o del proprietario, anzi in molte zone rurali la data era sancita dalle autorità comunali. A titolo d'esempio, e per dare spiegazione di tale fatto, si può seguire Pinto citando il relativo statuto trecentesco della Lega del Chianti:

molti sono quegli che per bisogno et chi per non havere vino in casa [...] vendemmiano le loro vigne prima che l'uve sieno mature, che gran danno ne riceve la Lega perché non possono essere buoni vini et non si possono poi al tempo vendere (Lo statuto della Lega del Chianti)

Certo è che da queste parole traspare anche il circolo vizioso dell'indigenza, il quale rende sempre più poveri. È infatti implicito il fatto che la povertà e lo "stento" erano soliti spingere i contadini a vendemmiare il prima possibile in funzione di un qualche guadagno immediato che avrebbe però compromesso un più consistente guadagno futuro. Con gran danno per la stessa Lega. Ma è ovvio che parlare senza essere sospinti dalla necessità della fame, per sé stessi e per la propria famiglia, è più facile che agire in simile circostanza. La vita dei contadini non era di certo facile.

Dai vari statuti delle varie comunità toscane si evince che la data prescelta per l'inizio della vendemmia cadeva di solito tra il 14 ed il 30 settembre. Si deve però tenere in considerazione il fatto che fino alla riforma del calendario dovuta a papa Gregorio XIII, del 1582, il calendario utilizzato era quello giuliano, e ciò implicava un ritardo di 7-8 giorni rispetto all'anno solare. La vendemmia cadeva quindi tra la fine di settembre ed i primi di ottobre. Ciò è in linea con gli studi che propongono un clima più caldo nel Medioevo rispetto ad oggi. Differenza ancor più marcata con la successiva età moderna, in cui occorse la cosiddetta piccola glaciazione. I cambi climatici a volte sono fisiologici del "respiro" terrestre. A volte ma non sempre.

Vi era anche un tipo di vendemmia "prematura" che sicuramente era mal vista dai contadini ma incentivata dai proprietari: la raccolta di grappoli di uva acerba dalla cui spremitura (dal cui succo), con l'aggiunta di sale, si traeva l'agresto, condimento in voga nelle classi agiate. Questo pregiato prodotto creava sicuramente tensioni tra chi voleva mangiare bene, i proprietari, e chi voleva mangiare e basta, i contadini. Tensioni che sicuramente si acuivano durante un'annata poco favorevole. Cosa d'altronde non rara.

Conforta vedere il fatto che si cercasse di prendere tutte le maggiori misure igieniche in linea con le possibilità del tempo. I grappoli di uva venivano riversati nelle "bigonce" e là si procedeva alla spremitura, cosa che al tempo d'oggi forse ci farebbe passare la voglia di bere vino. Seguiamo infatti le raccomandazioni date dal De' Crescenzi. Prima di immergersi nelle bigonce e procedere a piedi nudi a mostare l'uva che si sarebbe dovuta bere, De' Crescenzi consiglia (e per fortuna!) di lavarsi bene i piedi e di uscire il meno possibile prima del completamento del lavoro. Ciò vuol dire che uscire e poi rimettersi a premere era cosa inevitabile .... Altro utile consiglio dato da questo sagace agronomo ed atto a "non schifare" le damigelle e le mogli dei ricchi-nobili proprietari, era quello di coprirsi bene per impedire che gocce di sudore cadessero sul mosto.

3.2 BOTTE: UNA INVENZIONE SILENZIOSA

Le bigonce (botti) sono poi un'innovazione tecnologica di estrema importanza avvenuta silenziosamente nel Medioevo. A onor del vero Plinio il Vecchio già nel I sec. d.c. ci attesta questa invenzione celtica proveniente dalla Gallia. Non sarà forse un caso che quella Gallia diverrà la più grande produttrice di vini per lungo tempo. Ma è certo che fu nel Medioevo che tale invenzione fece il salto di qualità necessario alla sua definitiva affermazione. Nel Medioevo le botti sostituirono quasi completamente le giare e le anfore di terracotta, nonché gli otri di cuoio che tanto avevano dominato il Mediterraneo fin dall'antichità. La botte non solo favorì il processo di conservazione e invecchiamento dei vini, ma anche e soprattutto il loro trasporto e di conseguenza la loro diffusione e commercializzazione. "Loro" e di altre merci ovviamente. Grazie infatti alla sua forma bombata non era necessario il sollevarle per essere spostate, bastava farle rotolare, la qual cosa diminuiva enormemente i problemi di spostamento e il numero di uomini richiesti per tali manovre. Ovviamente poi ciò era possibile perché le bigonce erano anche molto più resistenti dei vari recipienti in argilla.

Le botti erano generalmente fatte con legno di quercia, farnia o rovere, ma non erano disdicevoli nemmeno quelle di castagno. Le doghe venivano leggermente incurvate e tenute assieme da dei cerchi esterni di ferro. Il legno nella conservazione del vino offre il vantaggio di permettere un lieve scambio gassoso con l'esterno, e ciò ne facilita l'invecchiamento. Oltretutto il legno dà un suo specifico contributo nell'aromatizzare il vino. Cosa che va in parallelo con il valorizzarlo. Anche al giorno d'oggi le botti di rovere nuove sono assai ricercate come loculi per far invecchiare un ottimo vino. Principalmente i bianchi, come per esempio lo Chardonnay. Oggigiorno comunque alcuni produttori riescono a riprodurre gli stessi effetti inserendo assicelle o truccioli di rovere (o di altro legno) nei tini di acciaio inossidabile.

3.3 FERMENTAZIONE

Il medievalista Pinto ci quantifica la durata della fermentazione in 10-15 giorni. Questa doveva essere seguita con attenzione, mescolando regolarmente la parte superiore del tino o chiudendola ermeticamente, in modo che il mosto bollisse bene e non "prendesse fuoco". Così infatti si esprime un contratto mezzadrile di fine '200 (Muzzi-Nenci 1988, p.281). In seguito il vino veniva collocato nelle botti e con la "vinaccia" residua si ricavava un vinello leggero e frizzante (l'acquarello), usato soprattutto dai contadini per il consumo familiare.

Fino alle innovazioni enologiche ottocentesche basate sull'utilizzo della chimica, le operazioni relative alla bollitura del mosto, alla svinatura e alla collocazione del vino nelle botti, erano assai delicate. Il rischio che ne uscisse un prodotto scadente, o comunque non in grado di durare a lungo, era grande. L'attesa e la trepidazione dovevano essere notevoli allorquando in primavera si procedeva a spillare il vino dalle botti per l'assaggio. Il momento era così solenne che al pari di matrimoni e celebrazioni sacre, per l'occasione si invitavano parenti, amici e conoscenti. Il rischio che il vino venisse fuori con "un pocho de leno" o addirittura "guasto" era alto (termini ricavati da Pinto dalle lettere di: lettere di Margherita Datini e Francesco Datini). Non che in caso di vino mal riuscito lo si buttasse via. Ribadisco che in quel mondo lo sport nazionale era combattere la fame quotidiana. Si cercava quindi di recuperarlo in ogni modo. Lo si poteva far ribollire, anche se per minor tempo, o gli si potevano aggiungere delle spezie. Se poi tutti i diversi metodi per salvarlo fallivano miseramente, allora ci si faceva l'aceto, un prodotto di uso comune. Certo, si trattava dell'aceto per i contadini non per nobili e ricchi benestanti. Il vero aceto buono, era prodotto appositamente e non derivato dal vino "guasto".

CAPITOLO 4

NOÈ, GLI UOMINI E IL VINO

Ma facciamo un passino indietro, come e perché si era giunti ad un uso così smodato del vino nella Firenze terra d'elezione del nuovo sentire? Tratteggiamone una brevissima storia che ci conduca dall'origine del vino alla sua importanza nella Toscana rinascimentale.

Una fugace storia dei rapporti tra l'umanità e il vino necessita di un inizio. E l'inizio di questo rapporto non poteva collocarsi più in "principio". Dopo la distruzione dell'umanità, ci fu un nuovo inizio grazie all'unico uomo meritevole di salvezza agli occhi di Dio. Noè e la sua discendenza. Con Noè inizia la vera storia dell'umanità, e con lui inizia la storia del vino. Questo ci narra uno dei testi più antichi che l'umanità conservi, testo sicuramente basato su ancor più antichi racconti mitologici di non esclusiva provenienza ebraica, stiamo parlando della Bibbia. Dell'unico uomo salvato da Dio dal Diluvio Universale, di colui che sarà progenitore della successiva umanità, questo ci dice la Genesi:

Noè fu agricoltore e fu il primo a piantare la vite. Un giorno bevve il vino, si ubriacò e si addormentò nudo in terra. (Genesi 9: 20,21)

Lo vide in quello stato suo figlio Cam, il quale lo riferì agli altri suoi due fratelli. Questi si misero entrambi un mantello sulle spalle e camminando all'indietro verso Noè glielo gettarono addosso.

Senza quindi vederlo in quello stato penoso, steso in terra, nudo e ubriaco. Se penso che per la Bibbia tutte le disgrazie della terra di Canaan derivino da questo fatto, non so se riderne o piangerne. Noè infatti appena riavutosi dalla sbronza andò su tutte le furie con Cam, e lo punì. Anzi fu ancor più crudele. Lo punì attraverso suo figlio, alla faccia del diritto moderno. Un modo di fare ben più in linea con il concetto vicino-orientale di giustizia divina. Il figlio di Cam, Canaan, fu maledetto e di conseguenza condannato. Che la questione avesse leggermente alterato Noè lo si vede dall'entità della pena. Canaan e tutti i suoi discendenti furono condannati a essere schiavi dei discendenti degli altri suoi figli: Sem e Iafet. Per dirla tutta, nella maniera più filologicamente corretta possibile, in quella circostanza Noè benedisse Sem e le sue progenie, accordando a Iafet un felice futuro da servo di Sem, seppur anche questo secondo figlio avesse agito nella medesima maniera del primo. E contemporaneamente condannò senza appello Canaan a essere schiavo di Sem e dei suoi schiavi, ovvero dei discendenti di Iafet. E pensare che Canaan nemmeno aveva fatto nulla. È evidente l'intento eziologico del racconto biblico. Ciononostante la pena ci sembra quantomeno un tantino esagerata. Se l'ebbrezza molto spesso fa agire da stolti, diciamo che questa storia ci insegna a non prendere decisioni importanti nemmeno nell'immediato post sbornia.

Tra parentesi fu punito l'unico figlio di Noè che guardò in faccia la "verità". Cam. L'unico che vide la verità così come era, e che la volle comunicare agli altri suoi fratelli. Anche Cassandra fu punita perché avendo accesso all'amara verità riguardante il cavallo di Troia, la volle comunicare agli altri suoi concittadini troiani. Diciamo che comunicare agli altri uomini la verità a cui si perviene, e che spesso non combacia né con i loro sogni né con le loro aspettative, non è che abbia mai portato granché bene.

Indipendentemente dalle interpretazioni è quindi certo che il vino ebbe sempre un ruolo di primo ordine nella storia dell'umanità, tra il magico e il pratico. Fino all'islam ogni cultura che si è sviluppata nelle terre affaciantisi sul mediterraneo ha dato al vino un ruolo positivo e lo ha guardato con favore, a patto che non si arrivasse all'ebbrezza. Ed anche l'ebbrezza a volte era vista con un alone di mistica sacralità. I culti dionisiaci ne sono un esempio, e non meno pacate erano le baccanti, adepte di un culto dedicato al dio del vino Bacco che subirono una così feroce persecuzione da parte delle autorità romane da far impallidire quella cristiana. Lo stesso conquistatore del mondo, Alessandro

Magno, ebbe più difficoltà a combattere contro il vino durante i suoi interminabili banchetti che contro i persiani sui campi di battaglia. Durante un eccesso di collera provocato dal vino, trafisse e uccise uno dei suoi più validi generali, Clito, ciò gli procurò così tanto rammarico da astenersi per qualche giorno dal bere. Per qualche giorno! Se così impregnata di vino è la storia della civiltà classica non poteva esserne meno imbevuta quella medioevale ed in particolare quella della Firenze rinascimentale. Nel Medioevo il vino acquistò anche un valore sacrale riconosciuto da tutta la società, divenne infatti decisivo per la celebrazione del rito cristiano della messa. Da qui l'attenzione delle istituzioni ecclesiastiche alla viticoltura. Nella tradizione cattolica vi sono anche "santi bevitori", ma si sa che la religione è assai conservativa anche nei passaggi da un credo all'altro. È quindi ragionevole ipotizzare che forse certe tendenze pagane rigenerate all'interno del nuovo credo cristiano siano le vere matrici di questi "santi bevitori". Ad ogni modo fuori dalla speculazione rimangono i fatti: alcuni vescovi e abati furono lodati per aver impiantato nuovi vitigni; la stessa regola benedettina, generalmente così ferrea, ammetteva l'uso (moderato) del vino.

Se lo erano gli ecclesiastici, non meno interessati al vino erano ovviamente i laici. Già nel primo

Medioevo la viticoltura assunse a così gran prestigio che nell'editto di Rotari del 643 si contemplavano condanne severe per chi avesse danneggiato viti altrui. La vite era solitamente coltivata in prossimità dei centri abitati (città, villaggi, monasteri, case isolate) per svariati motivi. Era coltura specializzata che richiedeva il lavoro continuo degli uomini, ed anche la loro attenzione visto che doveva essere sorvegliata per prevenire furti o anche devastazioni. Alcuni documenti alto medievali ci presentano già allora le vigne come protette da "clausure" di siepi o steccati. Nella fase di espansione delle colture, che comincia timidamente a partire dal IX sec., per intensificarsi dall'XI in poi, non è raro imbattersi in contratti miglioratizzi che prevedono l'affidamento della terra a lunga scadenza a patto che vi fosse l'impegno da parte del coltivatore di impiantare vigneti. Ciò nonostante gli spazi della viticoltura in Toscana rimasero a lungo assai ristretti, ma aumentarono progressivamente con il giro di millennio. Non è un caso che la popolazione aumentò incredibilmente fino ad arrivare a circa un milione di abitanti nell'immediato pre-peste nera (vedere dati forniti nel capitolo Paesaggi viticoli e tecniche utilizzate). Sicuramente il vino non fu la sola causa, ci mancherebbe, ma di certo ha aiutato.

CAPITOLO 5

VINI E PAESAGGI VINICOLI NELLA TOSCANA TARDO MEDIEVALE E RINASCIMENTALE

5.1 PRODUZIONE DI VINO SUL TERRITORIO TOSCANO: UNA DIFFUSIONE CAPILLARE

Prima di passare nel prossimo capitolo ad enunciare le zone di produzione vinicola più qualitativamente o quantitativamente rilevanti, è bene fare una premessa. Come abbiamo sottolineato finora, essendo il vino un prodotto alimentare di ampio uso quotidiano, la sua produzione non poteva che essere assai diffusa. Veniva prodotto un po' ovunque, ma non tutti i vini ebbero la medesima sorte. Certi vini di certi luoghi assunsero un valore rimarcabile, mentre altri rimasero utili a dissetare i loro medesimi produttori e pochi altri lor conoscenti di ambito locale. Quest'ultimi però senza generare grandi introiti. Su questi primi input verso una sempre maggiore caratterizzazione e diversificazione delle varie produzioni locali, concorrevano più elementi. In primis il potere pubblico era sempre più impegnato nella differenziazione e precisazione delle provenienze dei vini, inizialmente molto probabilmente per motivi fiscali. Ma fu fondamentale l'opera assidua di studio, selezione e sperimentazione di quei mercanti produttori e al tempo stesso consumatori. Furono proprio loro che concorsero in maniera determinante a portare alla ribalta tante località specifiche stabilendone una ben determinata personalità vitivinicola, base per l'ulteriore progresso di quelle produzioni. Inoltre per comprendere la capillare diffusione della vite sul territorio non vanno poi assolutamente trascurate le premesse economiche che verranno successivamente stravolte da un evento storico della massima importanza, cioè la "rivoluzione dei noli". Evento storico di cui parleremo successivamente, assieme alle immancabili premesse ed alle notevoli conseguenze. (capitolo 7.1 e 7.2).

Se per esempio ci limitassimo a Firenze, saremmo estremamente informati riguardo questa capillare produzione di vino sul territorio. Il catasto della Repubblica fiorentina del 1427 è una testimonianza illuminante. In esso vi è riportato l' "estimo del vino al tino" (quindi le località dove si produceva il vino), e vi compaiono ben 106 località tutte disposte attorno alla città di Firenze. È pur vero che quando si cercano finanziamenti si sviluppa un acuto senso di osservazione, ma il gran numero di località segnalate dall'estimo del vino, ribadisco tutte intorno alla sola Firenze, ci dice anche "come fosse possibile compiere con fondatezza una differenziazione dei prodotti." (Melis) Fra di esse, due meritano particolare attenzione: il "Chianti e tutta la provincia" e la "Valdigreve" (al "Chianti" abbiamo dedicato un capitolo a parte, capitolo 5.3).

Dal catasto del 1427, e da qualsiasi altro, possiamo ricavare informazioni che seppur importantissime ci mostrano una serie di dati di mero ordine statico. È quindi notevole il fatto che il catasto fiorentino del 1427, così come quello di Pisa, fu ripetuto nel corso del tempo.

L'avere a disposizioni tali particolareggiati catasti per le città toscane del basso Medioevo è elemento così notevole per l'Europa di quel tempo da essere considerato un fatto più unico che raro, come le opere d'arte prodotte da quelle medesime città. Dall'analisi e dalle relazioni che si possono instaurare tra le informazioni dei vari catasti che si succedono nel tempo, possiamo tratteggiare, seppur con la dovuta cautela, l'andamento dei fenomeni. Possiamo illustrare l'avanzata e il ritrarsi delle coltivazioni viticole nei vari territori toscani. E che cosa ne deduciamo? Ne deduciamo che di sicuro si registra l'aumento fortissimo delle zone soggette alla coltivazione della vite. Ma tale andamento non è né identico né di pari intensità per ogni dove. Anzi. Se noi consideriamo per esempio il periodo compreso tra il 1427 e il 1481, la situazione evolve, da un punto di vista vinicolo, pressappoco nel seguente modo. All'inizio si ha una forte espansione della vite sia in zone dove essa prese il posto di altre coltivazioni meno idonee a quei territori o semplicemente meno remunerative, sia soprattutto nelle zone precedentemente lasciate incolte. Successivamente si nota come in alcune zone la coltura della vite viene totalmente abbandonata, evidentemente perché si riscontra l'inattitudine di quei luoghi, mentre il altre zone la si intensifica o vi si sperimentano nuovi vitigni. Dietro questo espandersi e contrarsi in determinate zone dalla produzione vinicola, vi è tutto un mastodontico lavoro di sperimentazione, di fatica, di speculazioni, di intraprendenza, di successi e di fallimenti. Tutto questo lavoro che definiremmo oggi "di ricerca" si concretizza nei catasti, mostrandoci che alcuni proprietari riducono o sopprimono il vigneto in taluni appezzamenti e lo intensificano in altri. Certo, non tutti i territori toscani che cadranno sotto il successivo Granducato avranno simili dettagliate descrizione, e nemmeno i pochi che rimarranno fuori da questa entità statale. Ciò nonostante, ad integrazione e conferma dei vari catasti disponibili sono poi i testi mercantili, carteggi privati e contabili.

In tal senso Melis ci fornisce forse l'esempio più eclatante, quello legato alla famiglia degli Albizi. In una stagione storica dove il motore fu la grande classe mercantile e la sua intraprendenza e curiosità (ne parleremo più oltre perché è uno dei motori principali di questo periodo di fioritura umana), questa famiglia non poteva che essere di "facoltosi mercanti" arricchitasi con l'arte della "marcatura". La famiglia Albizi investì moltissimo nei terreni della Val di Sieve (nel Mugello), terreni che nel 1427 appaiono tutti costellati di viti.

(...) con il passare del tempo, però, quei signori (o meglio quei facoltosi mercanti) concentrano simile impegno sempre più scendendo lungo la stessa vallata fino alla Rufina e salendo poi il colle ad est dove scoprono la validità dei terreni di Nipozzano (mentre nella settentrionale San Cresci il vigneto veniva lasciato morire): e sembra che fin da allora si sia stabilito a Dicomano il limite settentrionale della viticoltura della Val di Sieve. (Melis)

Insomma tirando le somme si rileva che gli Albizi avevano compiuto una selezione in base al rendimento dei terreni dando definitivo risalto alla idoneità di alcuni di essi. Ma non erano i soli. Accadde più o meno la stessa cosa per i terreni dei soci delle Compagnie Capponi di Firenze. Investono e sperimentano in varie zone, per poi concentrare le loro attenzioni a Lucolena e ancor più a Greve in Chianti.

5.2 I TIPI DI VINO PIÙ RICERCATI E I TIPI DI VITIGNO PIÙ UTILIZZATI

I tipi di vite utilizzati in Toscana tra la fine dell'alto Medioevo ed il basso Medioevo sono ben minori di quelli che ci vengono elencati dagli agronomi del tempo. Quest'ultimi molto spesso si riferiscono a testi più antichi inserendo in questi cataloghi tutto ciò che possono. Di sicuro dalle fonti si deduce che nella Toscana medievale si prediligevano i vini bianchi. Tra quelli autoctoni i più in voga erano i trebbiani, ricavati dall'omonima uva, e la vernaccia toscana. Erano infatti proprio questi vini , ad esempio, a comparire con maggiore frequenza sulla mensa dei priori di Firenze. Le fonti dell'epoca ci descrivono il trebbiano come un'uva "bianca, con granello rotondo, piccolo, e molti grappoli avente". Per il De' Crescenzi, la fonte più autorevole del tempo, questo dava un "nobile vino e ben serbatojo" (De Crescenzi 252-253). Sicuramente al successo del trebbiano bianco, e dei vini bianchi in genere, contribuiva il colore: un vino chiaro, limpido, trasparente, di "color d'oro", che quindi nulla sembrava nascondere al consumatore. Il medico pratese Lorenzo Sassoli in una lettera al nobile Datini gli consigliava per la sua salute di bere vini "quanto più potete bianchi, non fumosi, chiari, e non dolci né bruschi (…)".

I trebbiani più noti e rinomati erano quelli provenienti dal Valdarno superiore, in particolar modo sono da menzionare le zone di produzione di Bucine e Figline, assieme a quello proveniente da Montecarlo. Un rilievo troppo grande per esser definito colle e troppo piccolo per esser definito monte, situato tra la piana della "Lucchesia" e quella della Valdinievole. La "Lucchesia" d'altronde godeva fin dall'alto Medioevo di una buona se non ottima considerazione in fatto di produzione vinicola. Non per nulla i suoi vini confluivano spesso nei mercati di Firenze e Pisa, ovvero i due più dotati ed interessanti mercati vinicoli toscani del Medioevo e non solo. In genere era sufficiente la designazione d'origine generica "contrado di Lucca" per avere una buona reputazione nei mercati. Ma le zone di San Gennaro e di Montecarlo avevano poi un valore aggiunto. Montecarlo in particolar modo. A differenza dell'omonima cittadina d'oltre alpe, questo ameno "monticello" toscano non è famoso né per i tavoli da gioco, né per le fiches, né tanto meno per le gare sportive, ma per un trebbiano che assunse gran popolarità e prestigio fin dal rinascimento e che tramite il mercato vinicolo di Pescia si diffuse in tutti quei territori che successivamente costituiranno il Granducato di Toscana. Secondo i prezzi in voga a

Firenze, era il bianco più pregiato della Toscana, anche se a volte veniva superato nella valutazione da qualche bianco della Valdelsa, fra cui i "grechi" e la "vernaccia".

Altre uve bianche assai note erano l'albana, il verdolino e l'angiola. Ma tra esse, come si è appena accennato, la più apprezzata era la vernaccia, ora come allora il vino di San Gimignano per eccellenza (Melis 1984, p.61-63; Fiumi 1961, p.39, 185). Il nome poteva confonderlo con il medesimo delle Cinque Terre, ma quest'ultimo era un vino completamente diverso. Si trattava infatti di un vino liquoroso, dotato quindi di una ben maggiore gradazione alcolica, che con il non secondario contributo della sua "esoticità" veniva considerato di maggior valore. I prezzi stessi ce lo confermano, era infatti quotato circa il doppio di quello sangimignanese. In seguito entrò in gioco anche una terza vernaccia, la vernaccia sarda. Comparve abbastanza tardi ed era probabilmente dovuta all'introduzione nella Sardegna centrale di un vitigno ligure, ciò almeno stando a quanto scrisse il Dalmasso nella sua monumentale "Storia della vite".

Spendiamo due parole su questo vino bianco, la vernaccia di San Gimignano, uno dei bianchi più apprezzati del tempo ed anche il primo vino italiano a ricevere il marchio di tutela Denominazione d'Origine Controllata (DOC) nel 1966, trasformata poi nella più prestigiosa e successiva etichetta Denominazione d'Origine Controllata e Garantita (DOCG) nel 1993. Questo vino ci permette di passare dagli inizi del XIV secolo alla fine del XX secolo senza grossi scossoni. Un persistente apprezzamento che già di per sé stesso è un inno. Cosa che ci lascia quel retrogusto rassicurante tipico di una forte sensazione di continuità. La vernaccia fu la causa del soggiorno di papa Martino IV nel purgatorio dantesco. La sua colpa fu quella di averne bevuta in abbondanza soprattutto per accompagnare uno dei suoi piatti preferiti: le anguille di Bolsena. Il giudizio di un papa al di là del proprio credo ha sempre una certo qual ché di autorevolezza, e nel Medioevo questa autorevolezza ben si estendeva anche alla tavola. D'altronde Matino IV era in buona compagnia nell'apprezzare questa alcolica bevanda dal colore puro come quello richiesto alle loro anime. Lorenzo il Magnifico, tra tutti il signore per eccellenza del Rinascimento, della vernaccia apprezzava quel suo caratteristico retrogusto amarognolo, e quel suo sapore armonico e fresco. Forse è proprio per questa sua "freschezza" che fu chiamata vernaccia. Stando ad un poeta seicentesco di nome Matteo Lucidi il nome vernaccia deriverebbe per l'appunta da "verno", ovvero gelido. Sinceramente tale derivazione mi ricorda la "linguistica" in cui qualsiasi assonanza diviene una prova "scientifica". Voltaire ci ironizzava spesso. Il vocabolario Treccani invece farebbe derivare il nome di questo vino dal nome di un borgo delle Cinque Terre, Vernazza, dove ebbe origine la famosa vernaccia delle Cinque Terre. Probabile. Ma la derivazione che mi convince di più, anche se non è che sia uno di quei problemi che mi si interpongono tra un buon sonno e l'alba del mattino, è quella da "vernaculum", un aggettivo che indica qualcosa di "locale", "del posto". Ciò spiegherebbe anche come mai due vini, che seppur si assomigliavano nel colore ma che erano ben diversi sotto tanti altri aspetti, abbiano assunto uno stesso nome. È probabile che vennero inizialmente denominati "del posto" viste le loro rilevanti peculiarità rispetto agli altri vini di produzione limitrofa ben più simili tra loro. Qualcuno potrebbe anche pensare che il nome vernaccia fosse attribuito al vino di San Gimignano in una fase successiva all'affermazione di quello ligure per riecheggiarne il prestigio. E ovviamente il conseguente sfruttamento economico. Ma bisogna tenere anche a mente che tale vino toscano viene menzionato in documenti ufficiali fin dal 1273, e che alcuni rimandi potrebbero anche riferirsi a periodi precedenti. Insomma è per me più plausibile pensare ad una genesi onomastica locale piuttosto che ad una derivazione esterna per imitazione.

Ad ogni modo al contrario di quanto affermato da Dion, il noto storico francese del vino, la vernaccia di San Gimignano non era originaria né di Malaga né di Alicante, né tanto meno di Granada da cui secondo lui avrebbe derivato anche il nome "grenache" (da Granada) poi trasformatosi in "vernaccia". In realtà una derivazione iberica di tale vino secondo vari studi sembrerebbe al quanto improbabile. Fino ai primi decenni del XV secolo nessun vino della Spagna meridionale era così apprezzato da indurre l'importazione, più o meno furtiva, di vitigni. Di tutta la penisola Iberica solo la sua parte atlantica, quindi il Portogallo, era rinomata per i suoi vini. E questi vini sì che avevano successo: venivano esportati sino al Mare del Nord e successivamente anche in terre dove di vino se ne produceva già in abbondanza, Italia compresa. Si è pressoché appurato che la vernaccia di San Gimignano e degli altri centri valdesani proviene da un vitigno importato dall'Egeo, del tipo detto, per l'appunto, "greco". Un nome e un'origine che crea qualche incrocio di troppo tra vari tipi di vitigni e le denominazioni tassonomiche dei vini medesimi. Incroci non certo scevri di ambiguità. Si consideri infatti che nelle campagne di San Gimignano era prodotto anche un altro vino bianco detto il "greco", un vino anch'esso ben apprezzato. Ed è altresì da sottolineare come il termine "greco", riferito ai vari tipi di vino, poteva assumere anche caratteristiche piuttosto generiche. Citiamo un esperto: *il termine "greco" era "termine che d'altronde si impiegava per definire comunemente i bianchi pregiati, sangimignanesi e dei dintorni (quando non fossero stati distinti come "trebbiani")* (Melis). Da qui a volte ne nasce una certa confusione, direi del tutto legittima viste le premesse, riguardante l'identità o meno tra la "vernaccia" e il "greco" di San Gimignano. La questione è un po' controversa.

A detta di Melis anche la vernaccia di San Gimignano poteva rientrare tra questi vini "grechi", e quindi non ci sarebbe distinzione tra il "greco" e la "vernaccia" sangimignanesi (Melis, p.25). Nonostante l'esigenza fisiologica che ognuno di noi ha per le certezze, non possiamo che riscontrare la problematicità della questione evidenziando che comunque una certa netta differenza, che dimostra una distinzione chiara tra i due tipi di vino, emerge chiaramente dai documenti mercantili. Quando si parla di "grechi" si tratta in genere di vini importati dal sud Italia, e lo studioso Fiumi afferma che è plausibile supporre che quello di san Gimignano avesse un gusto diverso dall'originario, un gusto che lo rendeva ben riconoscibile. Probabilmente riconoscibile quindi anche dalla stessa vernaccia. Di certo il vino proveniente da San Gimignano era considerato un buon vino. Certo non tra i più pregiati, ma d'altronde si sa che i gusti si modificano spesso più per lo status symbol che essi vanno ad impersonare che per reali "valori" intrinseci.

Dopo questa parentesi sulla vernaccia di San Gimignano ritorniamo a parlare degli altri prestigiosi vini bianchi di produzione toscana. Detto dei trebbiani, detto della vernaccia, ci manca di menzionare i "grechi" di produzione regionale. Ed oltre al "greco" di San Gimignano, ammesso e non concesso che di "greco" diverso dalla "vernaccia" si trattasse, sono da citare anche altri prestigiosi "grechi" toscani. Ricordiamo in particolar modo quelli di Gambassi e di Montaione che tanta fama e favore riscontravano in quella regione.

Ma i vini più costosi in assoluto erano altri. Alle mense dei ricchi signori rinascimentali, sempre così ben attenti a differenziarsi dalle masse, i vini più pregiati erano sì i bianchi, ma in modo particolare l'apprezzamento maggiore andava ai vini liquorosi, dolci e spesso aromatici, importati dall'Oltremare. Ciò in linea con l'importanza che il vino esotico esercitava a livello psicologico e non, sulla creazione di quello status symbol che avrebbe diversificato il ricco dalla massa. E a cui le masse ovviamente guardavano. Sono gli uomini che rendono più o meno apprezzabili i vari vini, in ciò la natura contribuisce assai marginalmente. Questo è il fondamento sociale del gusto. L'importazione di vini faceva d'altronde la felicità delle principali città portuarie. Si veda su tutte Pisa, invasa da mercanti e vinai sia per via mare sia per via fluviale grazie alla foce del principale fiume toscano, l'Arno (Pinto 2002, p. 84).

Se i vini bianchi erano quelli più pregiati, i vini rossi erano di gran lunga quelli più consumati e diffusi nella Toscana del Medioevo. Tra le uve da vino rosso il Tanaglia, altro noto agronomo del tempo, nomina il lanaiolo, citato anche da De Crescenzi (De Crescenzi, trattato 257), il raffaone e lo zeppolino (Tanaglia, de agricoltura p.33). Vi era poi il sangiovese da cui si ricavava quello che di lì a poco diverrà un vino di gran fama, il Chianti. E proprio il vino Chianti e quello della Valdigreve erano i vini rossi più rinomati. Mentre l'attualmente arcinoto vino di Montalcino era ben lontano da quella fama che acquisterà solo in tempi a noi più vicini, destino che condivide con tanti altri vini toscani oggigiorno conosciutissimi, come per esempio il Nobile di Montepulciano. Ad ogni modo i vini di Montepulciano al pari dei vini dei pendii della stupenda Cortona erano vini robusti, come si addice ai vini rossi dell'entroterra. La fama dei vini di Montalcino come detto era ancora da venire, le prime attestazioni del "brunello" sono della fine del cinquecento, ma il centro era già noto per la produzione di vini rossi. Per completare la panoramica non si possono segnalare i vini provenienti dall'isola d'Elba, che tramite il porto di Piombino approdavano anche nelle taverne fiorentine; da Pisa poi si segnalano ottimi vini, specificatamente provenienti da Chianni, Lari, Cascione e Montopoli.

L'uva da tavola è invece raramente attestata. Si hanno sporadici riferimenti soprattutto al sancolombano, su vitigni allevati bassi, mentre lo "zibibbi" e le uve "lugliole" e "paradise" erano "tenuti alti su sostegni vivi o formando pergolati" (Tanaglia 33-34). Ma questa uva da consumarsi fresca era assai limitata, quasi del tutto in disuso fuori dalle tavole dei palazzi più prestigiosi. L'uva serviva per il vino. I contratti mezzadrili ci attestano invece che era all'opposto molto comune l'uva passa. Si tratta di "uva da appiccare" fino a quando i chicchi non diventavano asciutti e "passiti". Ancora oggi d'altronde non è di certo rara nelle soffitte di vecchi contadini. Ovviamente era un bene di lusso che veniva consumato come condimento di cibi nelle mense dei più ricchi, e da cui si poteva ricavare una prelibatezza ancor maggiore: il vino "cotto". L'uva veniva lasciata maturare, la si essiccava al sole, e poi (successivamente) veniva spremuta. Di questo vino così prodotto, veniva poi controllata accuratamente la fermentazione, durante la quale si rendeva tale vino ancor più liquoroso con successive concentrazioni di mosto. Una vera prelibatezza solo per i più ricchi. Come altra prelibatezza per pochi fortunati era quell'agresto di cui si è già accennato (vedere capitolo Vendemmia). Ovviamente l'attributo "fortunati" è riferito ai gusti del tempo.

5.3 VINO CHIANTI

Al vino Chianti, l'attuale incontrastato Re dei vini toscani, e l' "R" maiuscola non è un errore, dedichiamo questo capitolo. Si tratta di un vino che emerse dalla fine del trecento, almeno a livello di documentazione, e che seppure non veniva ritenuto eccelso, come all'opposto alcuni dei vini bianchi precedentemente menzionati, era comunque ritenuto un ottimo vino. Al pari dei rossi della Valdigreve. È forse il vino toscano che più abbia beneficiato della rivoluzione delle tariffe (vedere apposito capitolo); di sicuro dalla fine del trecento in poi il Chianti ha assunto una significativa importanza, prima in ambito regionale per poi varcare i confini regionali/nazionali.

Attualmente per potersi fregiare del titolo di "Chianti" un vino deve avere delle caratteristiche abbastanza peculiari. Innanzitutto deve essere fatto nel Chianti, cosa che sembra scontata ma che in realtà come vedremo suona piuttosto ambigua, e basarsi sulla formula base del vino Chianti sperimentata e messa per iscritto verso la metà dell'ottocento dal barone Bettino Ricasoli. La formula basava tale vino per un buon 70% sull'uva sangiovese, il vitigno rosso autoctono della zona, a cui si aggiungeva un 15% di canaiolo e un 15% di

Malvasia. La Malvasia, che già abbiamo ritrovato fin dal '300 come uno dei più pregiati vini bianchi, serviva soprattutto per arrotondare un po' il sapore che altrimenti sarebbe rimasto, almeno inizialmente, troppo ruvido. Attualmente i vitigni che possono concorrere a formare un Chianti, per un massimo del 30%, quindi salvaguardando sempre la percentuale minima del 70% al vitigno sangiovese, sono una serie di vitigni sia a bacca rossa che a bacca bianca. Questi vitigni provengono però da un club esclusivo, di certo non aperto a tutti. Ritornando invece alla formula standard del vino Chianti, non dimentichiamoci che comunque a prescindere dalla formula medesima, al tutto bisognava, e bisogna, applicare la "pratica del governo all'uso toscano". Con ciò ci si riferisce alla tradizionale pratica enologica che consiste in una lenta rifermentazione del vino appena svinato con uve leggermente appassite.

Ma prima di procedere oltre nel parlare del Chianti, mi si lasci fare una piccola chiosa su un vino minore. Non avendo ancora mai espresso un'opinione personale in riferimento alla gradevolezza dei vari vini menzionati, mi si consentirà di manifestarne uno ora. Voglio esprimere un fugace elogio alla "canaiola" ricordatami dal vitigno canaiolo tanto utile alla realizzazione del Chianti quanto ad altri vini DOC e DOCG del centro Italia. Il vitigno canaiolo è usato anche per un dolce tipico fiorentino, lo si trova solo nel periodo della vendemmia ed è la cosiddetta schiacciata fiorentina, dolcissima e piena di uva. Favolosa. Profuma di vendemmia. Ma tal vitigno l'ho citato non per il vino di per sé stesso, ma per quella bevanda che passa sotto il nome di "canaiola". Tipica del centro Italia e nel perugino da pronunciarsi rigorosamente con una "n" soltanto. La canaiola è un vino dolcissimo che si trova solo ed esclusivamente in prossimità della vendemmia. Anch'essa odora di vendemmia. Ma non solo. Profuma d'allegria ed è paradossalmente l'inno del malinconico autunno. Questo vino è ottenuto dal mosto che ha appena iniziato la fermentazione. Quando mi immagino la festa di Bacco che scende sulla terra a seminar allegria e feste con un'abbondante corona di uva sul capo, io immagino che da quella copiosa uva che gli scende sulle tempie se ne produca dell'ottima canaiola. È la "canaiola" il diletto degli dei. E del diabete. Da questo elogio ogni enologo o appassionato di vino ben capirà che sono ben lungi dall'essere un intenditore di vini, ma solo uno storico che dipinge un quadro. Non assaggio i colori, mi limito ad elencarli, a descriverli, a farli vedere. Più appropriatamente, guido l'osservatore tra le loro sfumature. Se infatti tale elogio farà storcere il naso ai vari sommelier, rallegrerà e avrà il tacito consenso delle allegre brigate che nelle immediate vicinanze della vendemmia vanno festeggiando in compagnia. Anche se faranno bene a non abusarne troppo, non solo per risparmiarsi il susseguente mal di testa, ma per l'ancor peggiore acidità di stomaco. Consiglio questa volta da ex giovane intenditore e non da sprovveduto.

Riguardo a questo attuale vino Chianti bisogna fare però anche un'ulteriore distinzione, forse nota agli intenditori ma di certo men conosciuta da tutti gli altri bevitori. Attualmente esistono due tipi di vino Chianti: il Chianti e il Chianti Classico. Questa distinzione è nata a seguito dell'ampliamento territoriale di cui è stata oggetto la regione storica del Chianti produttrice dell'omonimo vino. Su questo ci torneremo fra poco, qua sottolineiamo che in seguito a tale ampliamento territoriale, nel 1996 la sottozona "classica" si è dotata di un disciplinare diversificato dalle altre zone. La sempre più forte attenzione del mercato ha risvegliato l'emergere dei tratti peculiari della regione storica. Tratti che hanno portato anche ad una divagazione rispetto alla formula base ottocentesca del Ricasoli. Infatti i due vini presentano delle differenze sancite da due differenti disciplinari. Certo non stiamo parlando di differenze così abissali come potrebbero essere quelle tra una castagna e un mandarino. Tra i due preferisco il mandarino. Ma ad ogni modo sono differenze che non passano in secondo piano ad un palato un poco allenato. Abbiamo visto la formula del vino Chianti, ora guardiamo più da vicino quella del Chinati Classico. Per il Chianti Classico devono rigorosamente essere utilizzate uve di Sangiovese in una percentuale minima dell' 80% a cui si aggiunge, per un massimo del 20%, altri vitigni esclusivamente a bacca rossa, sia autoctoni, come il da me precedentemente lodato Canaiolo, sia internazionali ma autorizzati, come il Merlot e il Cabernet Sauvignon. Con ciò comunque non si vieta la possibilità che tale vino venga prodotto al 100% con uva sangiovese senza bisogna di altra aggiunta. Tutt'altro. L'esclusività dei vitigni "rossi" è comunque una gran bella differenziazione con il Chianti "generico", la cui formula però vanta una ben lunga e consolidata tradizione. Quella che l'ha portata al successo a livello globale.

Da un punto di vista organolettico, il Chianti si presenta come un vino limpido dal colore rosso rubino e dotato di un sapore asciutto, armonico, con una buona tannicità. Con il tempo il sapore si affina al morbido vellutato, mentre il vino d'annata (dell'annata corrente) ha un sapore vivo e rotondo. Poi ci sono anche altri requisiti che fanno di un vino Chianti, un vero vino Chianti. Ad esempio la gradazione alcolica che non può essere inferiore al 12 gradi per il vino giovane, oppure "l'estratto secco netto minimo di 24 g/l e l'acidità totale minima di 4,5 g/l" (chianticlassico.com) Più tutta una serie di fattori produttivi, che un qualche enologo vi spiegherebbe meglio del sottoscritto. Oltre tutto le sottocategorie di questo vino possono essere molteplici. Per esempio per il solo vino Chianti Classico si possono avere tre tipi di prodotto, il Chianti Classico Gran Selezione, il Chianti Classico Riserva ed il Chianti Classico Annata. Ognuno dei quali dotato di specifiche caratteristiche. In questa sede il nostro ambito di indagine è il vino nel periodo rinascimentale e tardo medievale. Quindi in questi ambiti preferisco dare un quadro tratteggiato senza scendere troppo nei particolari. Come dire: una visione non troppo particolareggiate per non perdere il quadro di insieme. Ma i dettagli servono, servono eccome. E per questi dettagli sui moderni disciplinari rimando a chi è ben più informato di me. Per esempio sul Chianti Classico si veda il sito chianti classico (www.chianticlassico.com). In aggiunta ultimamente i corsi di laurea in "Viticoltura ed Enologia" sono molto gettonati, e quindi non sarà difficile trovare precise indicazioni in dispense o pagine internet dedicate alle attuali produzioni vinicole. Quando si aumenta il livello qualitativo della formazione in ambiti legati a peculiarità locali, il sistema Italia non può che trarne gran giovamento.

Ad ogni modo è chiaro che oggi come allora, tutta la "genesi" di un buon vino Chianti ruota attorno alla terra di produzione. A quella bruna terra delle Colline del Chianti che per qualche rara vetta che arriva a sfiorare i 900 m. passano anche sotto il nome di Monti del Chianti. Ovviamente la produzione vinicola ha un limite altitudinale fisico che ci porta a considerare più le colline che i monti. Inoltre attualmente la zona di produzione del vino Chianti è assai più vasta delle demarcazioni geofisiche. Comprende varie sottozone (Colli Senesi, Colli Fiorentini, Colli Aretini, Colline Pisane, Montalbano, Rufina e Montespertoli) anche se la sottozona principale è quella denominata Chianti Classico. Quest'ultima sottozona attualmente comprende parte del territorio di alcuni comuni fiorentini (Barberino Val d'Elsa, San Casciano, Tavernelle), di alcuni comuni senesi (Castelnuovo Berardenga e Poggibonsi) e soprattutto gli interi territori comunali di Castellina in Chianti, Gaiole in Chianti, Radda in Chianti e Greve in Chianti. Quest'ultimi quattro comuni formano quello che viene definito il "nucleo centrale del Chianti Classico". Le denominazioni finali "in Chianti" ne sottolineano la tipicità, ma possono trarre in inganno. Sono infatti piuttosto recenti. Di certo un fattore non secondario che concorse a tale ampliamento dell'onomastica comunale fu quello prettamente commerciale. La richiesta di vino Chianti dalla fine trecento in poi si è andata ampliandosi costantemente, divenendo sempre più forte e "pressante", e quindi surclassandone la produzione. La piccola regione originaria non poteva far fronte a tale richiesta. Si pensi che anche in piena crisi della penisola italiana, ovvero nel '600, il Chianti era un prodotto assai richiesto all'estero. Tanto richiesto che le sue esportazioni in Inghilterra erano ben lungi dall'essere occasionali. E questo è un fatto di per sé eccezionale. Così la soluzione trovata per far fronte a questa forte richiesta in perenne espansione, fu quella di allargare la regione. Non si poteva fare altrimenti.

Va detto che i vari Granduca hanno sempre cercato di proteggere la regione originaria tramite apposite restrizioni sancite per legge. Per esempio già nel 1716 il Granduca Cosimo III emanò un bando nel quale venivano specificati i confini delle zone dove si poteva produrre questo vino rosso dal color rubino. Un'anticipazione di quella che nascerà in Francia e si diffonderà in tutto il mondo, e che in Italia diverrà l'etichetta di Denominazione d'Origine Controllata solo nella seconda metà del XX° secolo. Già all'epoca del Granducato di Toscana ci si preoccupava di garantirne la "territorialità". Cosimo III fece anche un altro Decreto in cui si istituiva una Congregazione di vigilanza che doveva sovrintenderne e controllarne la produzione e la spedizione. Ovviamente il motivo principale di tale istituto era quello di controllarne il commercio e soprattutto di combatterne le frodi. Anche questa precauzione non è una novità moderna, e di sicuro in questo caso non ci si deve limitare nel cercare simili provvedimenti contro le possibili frodi al solo XX secolo. Quindi il cercare di delimitare il territorio di produzione del vino Chianti è una tendenza che fondamentalmente c'è sempre stata. Certo però che la voglia di guadagno è sempre stata una gran bella controtendenza. Soprattutto quando la fame bussava alle porte dei contadini. Altri Granduca proseguirono su questi binari, fino a quando il problema fu ereditato dal giovane Stato italiano. Nel 1932 un governo italiano ampliò notevolmente la zona di produzione del Chianti, riconoscendo e sottolineando però al contempo "la zona di origine più antica", che assunse il nome di Chianti Classico. Ma ciò non fu l'ultima parola sull'argomento. Anzi. La regione vinicola del Chianti si andò ingrandendo sempre più anche negli anni a seguire, e nel tempo la sottozona Chianti Classico, dove "classico" si potrebbe sostituire con "originario", si dotò, come abbiamo già ricordato, di un disciplinare autonomo sempre più stringente per rimarcarne l'originalità e per differenziarsi dalle altre zone produttrici.

Riguardo gli attuali comuni che fanno parte del nucleo centrale della sottozona Chianti Classico, ovvero del nucleo originario del vino del Chianti, c'è da fare un'importante precisione. Infatti sull'appartenenza di Greve in Chianti al nucleo originale del Chianti ci sarebbe molto da ridire. Ciò a discapito dell'attuale denominazione. Innanzitutto i mercanti rinascimentali nelle loro lettere e nei loro documenti contabili, al pari dei documenti ufficiali delle gabelle comunali, distinguono bene e con gran precisione tra i vini del Chianti e i vini della Valdigreve. Inoltre come ci dimostrano questi primi documenti, l'originario "Chianti" era limitato agli attuali tre comuni di Radda, Gaiole e Castellina, dove infatti fin da quel periodo il vitigno utilizzato era il sangiovese. Del resto quella zona vinicola era già delineata politicamente attraverso la cosiddetta "Lega del Chianti" o "Lega della Castellina in Chianti", una disposizione militare composta né più né meno dai tre sopracitati comuni. Tanto per rimarcare la differenza tra Greve e gli altri tre centri urbani, l'appartenenza alla la Lega del Chianti aveva notevoli conseguenze anche al di fuori della disposizione militare medesima. In genere le organizzazioni militari contano ben più, e su un più ampio ventaglio di tematiche, di quel che normalmente si pensi. La Lega del Chianti decideva un po' su tutto, compresa la data della vendemmia che in teoria con gli aspetti militari avrebbe poco a che fare. Inoltre da un punto di vista del potere civile quella stessa zona che militarmente era raggruppata nella Lega del Chianti "era dipendente dalla Potesteria di Radda, allora subalterna del vicariato di Certaldo"; mentre la comunità di Greve nello stesso periodo dipendeva dal vicariato di San Giovanni Valdarno (Casabianca 1908, p.9-10). E comunque basta prendere in considerazione i carteggi dei mercanti di fine '300 per rendersi conto della netta distinzione tra il Chianti e Greve. Distinzione confermata dalla documentazione della pubblica amministrazione fiorentina. Alla faccia dell'attuale inclusione di Greve nel nucleo centrale del Chianti Classico, inizialmente ne era la principale antagonista.

È comunque vero che Greve fu associata ed entrò a far parte piuttosto presto della zone del Chianti produttrice di vini. All'epoca la sede del comune di Greve era l'ameno colle di Monteficalli, oggi Montefioralle, e il cuore pulsante risiedeva nel "Mercatale a Greve", l'attuale e suggestiva piazza a triangolo, sede delle transazioni e quindi luogo di incontro per gli affari. Si trattava di un mercato vinicolo assai rinomato in quanto la Valdigreve era una grande produttrice di vini rossi ed era da qua che la vicina Firenze si approvvigionava, si riforniva per la sua insaziabile sete di vino. Con queste premesse il mercato di Mercatale a Greve non poté che diventare uno dei principali della regione. La richiesta di vino da Firenze crebbe in maniera così vertiginosa, e gli affari di conseguenza, che Mercatale a Greve divenne così prominente da ergersi a centro gravitazionale di tutti i vini delle zone limitrofe, non più soltanto dalla Valdigreve. E così iniziarono a confluire anche i vini della Lega del Chianti. Ben presto i vini delle due zone, precedentemente ben distinti, si andarono confondendo sotto un unico nome, e il nome che prevalse tra i due, fu appunto quello del Chianti.

Quindi è da rilevare che ben prima del 1972 allorquando per la gioia di turisti e albergatori, e ancor più dei produttori di vino, fu aggiunta la denominazione "in Chianti" al semplice Greve, i vini provenienti da questo comune venivano già designati come Chianti ponendo tale comune nella sfera gravitazionale dell'ex Lega di Castellina in Chianti. Da qui l'attuale, e di molto successiva, designazione "in Chianti". Per l'appunto. Non che senza questa aggiunta Greve avesse avuto minor importanza nella storia vinicola toscana.

Ad ogni modo attualmente Greve fa parte del Chianti Classico motivo per cui si può fregiare sia dell'etichetta DOCG Chianti Classico sia del simbolo del Chianti. Il simbolo ormai si identifica con il marchio a cui un consumatore si può affidare per essere sicuro che la bottiglia sia un vero Chianti Classico. Da questo punto di vista ha la stessa valenza dell'etichetta. Si tratta del marchio del Gallo Nero, simbolo a suo tempo della Lega del Chianti e in uso sulle bottiglie del Chianti Classico fin dal 1924. Il Gallo Nero è ad appannaggio esclusivo dei centri "originari" del nucleo Chianti, ovvero i quattro comuni noti (al lettore) ovvero Radda, Gaiole, Castellina e Greve. Questo simbolo deriva da una leggenda ben precisa, che come tutte le leggende avrà sicuramente un fondo di verità ma è ben diversa da essere la verità per intero. A maggior ragione questa presente. La storia è la seguente. Siamo verso il 1200, lo scenario è quello delle contese territoriali tra le Repubbliche di Firenze e Siena. Per dirimere la contesa si decise di ridisegnare i confini territoriali attraverso una gara. Le regole erano le seguenti: due cavalieri dovevano partire ognuno dalla sua rispettiva città al primo canto del gallo, il punto dove si sarebbero incontrati avrebbe fatto da confine tra i due stati. E qua i fiorentini dettero prova di grande arguzia scegliendo un galletto nero tenuto a digiuno che cantò quindi ben prima dell'alba, regalando un vantaggio iniziale notevole al cavaliere fiorentino. E così il Chianti fu parte del territorio fiorentino. Leggasi definizione di leggenda a conferma di quanto sopra riportato.

Ritornando invece alle prime attestazioni del vino Chianti, vi è un fatto assai curioso che ha scombussolato le idee di molti studiosi. La prima attestazione del vino Chianti si trova in una coppia di registrazioni del 1398 della Società Datini di Firenze. Qua si certifica che proprio a Firenze veniva importato un vino da questa zona di produzione. Concediamoci il lusso di vedere da vicino questa coppia di registrazioni contenenti tale memoria. La prima registrazione si trova all'interno del libro mastro della "Compagnia del Banco" che il mercante pratese Francesco di Marco Datini aveva in Firenze (su Datini vedere capitolo 6).

Francescho di Marcho e Stoldo di Lorenzo deon dare .... E de' dare, a dì 16 di diciembre (1398), f. tre s. 26 d.8 a fior., demo per loro a Piero di Tino Riccio, per barili 6 di vino, ebe Francescho proprio, di vino bianco di Chianti; portò detto Piero, di puntuzo; li detti paghamo per lettera di ser Lapo Mazei; a Uscita, segn. A, a e. 115. (A.D.P., n.223, c.12)

L'altra è la contropartita del libro di cassa richiamata da quella registrazione, e addebitata presso la società Datini di Firenze, questa volta si tratta di quella mercantile, intervenuta nell'operazione per far eseguire il pagamento mediante "lettera" (cioè l'assegno del tempo).

A Francescho di Marcho e Stoldo di Lorenzo, f. tre
s. diciotto d. 6 a oro; demo, per loro, a Piero di Tino
Riccio, per barili 6 di vino, ebe Francescho proprio,
di Chianti biancho; portò detto Piero, in fiorini di
puntuzo; paghamo per lettera di ser Lapo Mazzei; a
Libro biancho A, a e.12. (A.D.P., n.221, c.12. Il
"Libro bianco segn. A".)

Tali registrazioni attestano proprio e senza ombra di
dubbio un vino bianco dal Chianti. Vino bianco dal
Chianti? Dalla regione del vino rosso per
eccellenza? Non che nel Chianti non si produca
ancor oggi del vino bianco, ma si tratta di una
produzione minoritaria , e di certo di secondo piano,
se non addirittura di terzo o quarto, rispetto al
famoso rosso. Però stiamo parlando proprio della
prima registrazione, e la prima registrazione ci parla
di vino bianco. Questo fatto poi doveva essere messo
in connessione con altri fatti. Se noi quella
registrazione la mettiamo in relazione con i
"copiosi" vini "vermigli" (ovvero rossi) che
arrivavano a Firenze dalla Valdigreve, e con la netta
distinzione che i mercanti e l'amministrazione
pubblica fiorentina faceva tra le zone di produzione
vinicola del Chianti e della Valdigreve, allora la
domanda sorge spontanea. E se ci fosse stata una
sorta di dicotomia nella produzione dei vini che
confluivano a Firenze, per cui la Valdigreve si fosse
specializzata in vini rossi e il Chianti in quelli

bianchi? Associare il Chianti ad una zona di quasi esclusiva produzione di vini bianchi suona come una blasfemia inaudita. Un po' come dire che la maglia della Fiorentina è a strisce bianco e nere. Il più nero, o meglio dire "bianco", flagello si stava per abbattere sulle convinzioni più radicate degli studiosi del vino.

In realtà a quell'epoca non vi era nessuna distinzione di vini in base al colore ma solo in base alla provenienza. Infatti tramite il catasto di Firenze del 1427, per buona pace degli studiosi, e per la salvaguardia delle tradizioni enologiche, si perviene ad una realtà ben diverse e più aderente alle nostre aspettative. In quel catasto vengono riportate anche le tariffe stabilite dagli "ufficiali del Catasto" (ovviamente) per l'attribuzione del valore ai prodotti vinicoli al "tino". Lo studioso Conti ha pubblicato tale documento (Conti 1966 pp.46-47), in proposito si veda anche Melis (Melis 1967). In questo catasto, come si accennava precedentemente vi sono un elenco di località ordinate per sub-regioni, con le indicazioni del prezzo di stima al cogno, in "lire di piccioli" che all'epoca equivalevano a ¼ del fiorino d'oro. Per chi fosse interessato a leggerlo si tenga bene in mente che il "cogno fiorentino" era formato da 10 barili e la soma da 2. E tenete anche in considerazione che il "fiorino di punto" o "di puntuzzo" è il fiorino di sugello vecchio o leggero, battuto a 100 pezzi per libbra (di grammi 3,39 l'uno), mentre dal 1402 fu reintrodotto il taglio di 96 per libbra (g. 3,54 l'uno).

Insomma se volete un riassunto per quel che ci interessa in questo capitolo, il punto è che in questo catasto che ci riporta la produzione di vino al "tino" (quindi sul luogo di produzione), nelle zone di nostro interesse si segnalano sempre vini "vermigli". "(…) il che ci fa dedurre che in quel tempo, nel Chianti delle origini si era affermato il rosso, essendo taciuto il bianco, che invece ritroviamo in altre regioni toscane insieme al rosso." (Melis) Ad ogni modo il vino rosso era già affermato nel Chianti al pari della adiacente Valdigreve. Ciò viene confermato anche da altri documenti mercantili. La tradizione è salva. Casualità della sorte che quella prima attestazione ci segnala proprio un bianco, probabilmente un "trebbiano" che assieme alla "malvasia" verranno impiegati a stemperare il forte sapore del vino rosso, secondo la nota formula poi redatta nella sua versione classica dal barone Bettino Ricasoli. Uno scherzo della sorte. Ma la tradizione è salva. Ed è salva anche la logica consequenzialità degli eventi giunti fino ai giorni nostri.

Altro fatto che ci salvaguardia è che tale documentazione che pareva fuorviarci, in realtà poi è venuta anche a sostenere nelle nostre convinzioni.

Il prezzo riportato in quelle prime registrazioni per il vino bianco del Chianti equivale a f.1,43 per un ettolitro odierno, essendo quel barile formato da litri 45,584. Si tratta di un valore moderato se lo confrontiamo con quelli che ci sono noti di altre zone della Toscana, rinomate per i vini bianchi: f. 2,74, a San Giovanni Valdarno; f. 2,56, alla Torre a Galatrona, e f. 2,57, a Montecarlo (Lucca). È vero che il valore di f.1,43 del Chianti bianco sembra da riferire al luogo di produzione, e quindi soggetto ai vari rincari principalmente per i costi di trasporto a Firenze (piazza dove sono valutati gli altri tre vini). Ma anche se aggiungessimo un aumento del 25%, il prezzo che ne risulta è pur sempre modesto per un vino bianco. Deduciamo che il Chianti non produceva vini bianchi di alta qualità.

Il rosso del Chianti come abbiamo visto ha avuto invece tutta un'altra storia. Già nel 1402 il vino chianti aveva assunto il ruolo di vino toscano principale. Infatti una registrazione contabile del 1402, concernente una fornitura a Firenze di tale prodotto (per la casa del Datini), ci illustra il costo principale (del vino) alla partenza così come i costi che si andavano ad aggiungersi, i costi accessori (i dazi e il costo del trasporto), fino a darci il costo finale per il destinatario. Il prezzo finale corrisponde a f. 1,78 ad ettolitro, per un rosso si tratta del più alto della regione, dopo quelli riscontarti ad Uzzano.

5.4 PAESAGGI VITICOLI E TECNICHE DI COLTIVAZIONI

Oggi come ieri le aree collinari e le pianure asciutte sono le terre di elezione della viticoltura, quelle in grado di fornire il vino migliore. Nel Medioevo vigeva la stessa situazione, sebbene la necessità facesse coltivare la vite ovunque ve ne fosse presentata l'opportunità. Così si spiega come mai la Toscana il cui terreno è così modellato dal dolce declivio collinare fosse terra di forte produzione vinicola.

I paesaggi viticoli erano comunque assai differenti. La vite, la cui specie più nota è la Vitis vinifera L., è pianta che ha bisogno di sostegno e che potrebbe svilupparsi orizzontalmente anche fino a 10m. Nelle zone paludose le viti erano allevate con le canne, come per esempio nella zona di Badia a Isola e Strove. Nelle zone collinari si procedeva anche con altri sostegni morti. Si reperivano o si acquistavano i pali necessari da sistemare alle estremità dei filari, in genere "paline" di castagno, "colonnette" e "colonne". Tutti dati ben segnalati e conservati nella documentazione contabile dei proprietari. Infatti sulle tecniche di coltura siamo relativamente al periodo abbastanza informati, soprattutto grazie ai contratti agrari, su tutti quelli di mezzadria. In questi tipi di contratto venivano riportati gli obblighi imposti ai contadini e le operazioni che il proprietario promuoveva sul podere. In riferimento alle viti, una delle preoccupazioni più grandi era quella che il coltivatore tenesse bene le viti "a uso e costume di buono lavoratore", quindi facendo riferimento a prassi consolidate. Ma non solo, "le viti non dovevano essere potate quando erano bagnate" ed i tralci da eliminare dovevano essere quelli più bassi, il terreno circostante doveva essere zappato o vangato nei mesi primaverili, nonché si doveva togliere l'erba intorno ai ceppi. Dalla menzione di alcuni arnesi nei contratti agrari (soprattutto, come sempre, quelli mezzadrili) si deduce che la vangatura era più tipica nel contado fiorentino rispetto all'area senese dove si prediligeva la zappatura.

Le viti poi andavano rinnovate affinché non invecchiassero troppo. Si interrava un tralcio tra quelli spuntati più in basso in modo che mettesse le radici; poi lo si tagliava staccandolo dalla pianta-madre. Questo è il noto sistema della "propagginazione" successivamente spazzato via durante il XIX sec. dall'arrivo in Europa della filossera. La Filossera è un insetto di origine americana, arrivato in Europa alla metà del XIX secolo dove si diffuse rapidamente in tutti i vigneti. Le punture di questo insetto, che i vari biologi mi dicono appartenere al genere degli afidi, si riscontravano sia sulle foglie che sulle radici, e determinavano fra l'altro anche la capacità di perdita di assorbimento.

Un'altra tecnica usata per il rinnovo dei vitigni era quella della telea:

si prendeva un pezzo di tralcio di un anno, unito ad un piccolo tratto di legno di due anni (magliuolo); questi veniva parzialmente interrato in un terreno appositamente preparato ('posticcio') in modo da radicare, formando così la barbatella, oppure inserito direttamente nelle fosse da viti (De Angelis, Tecniche, pp.214) (Pinto 2002, p.90). Questa tecnica era anche utilizzata per strappare ai boschi nuovi terreni da mettere a coltura con viti.

Si trattava in genere di lavori impegnativi che richiedevano lo scasso del terreno per la preparazione delle fosse-lunghe spesso fino a 60-70 metri ed oltre- ove porre la barbatella o i magliuoli. Le fosse potevano essere fognate con pietrame per favorire il deflusso delle acque piovane: in questo caso lo scasso aveva una profondità ed una larghezza di circa 80-90 cm; se lo scasso non prevedeva sul fondo la fognatura, occorrevano fosse più profonde, ampiamente superiori al metro, per impedire il ristagno delle acque. (Pinto 2002, p.90)

In collina i filari di viti prendevano il nome di "anguillari" e spesso succedeva che si univano tra loro due filari facendo convergere i tralci verso il centro, formando così la cosiddetta "pancata" che poteva arrivare a 5-6 metri di larghezza (De Angelis). Nei terreni di pianura invece la vite veniva sistemata il più delle volte in filari isolati, ed era generalmente maritata agli alberi. Tra gli alberi più frequenti a cui la vite si alternava figurano ciliegi, noci, fichi, quercioli, sorbi, olmi, pioppi e frassini. Questo sistema di "maritare" la vite ad altri alberi aveva anche il vantaggio di fornire le frasche con cui nutrire il bestiame in un'epoca in cui non era praticata la coltura del prato artificiale per l'allevamento animale. In cambio gli alberi dovevano essere accuratamente potati per impedire che facessero troppa ombra alle viti ed al terreno sottostante dove si seminavano cereali. Infatti nella sistemazione a proda tipica dei campi coltivati toscani, là dove i terreni erano più bassi, le viti maritate a olmi o aceri potevano essere sistemati in filari lungo le prode, ovvero lungo i bordi leggermente più alti che delimitavano il campo coltivato a cereali. D'altronde mai nel Medioevo si può parlare di colture specializzate. Le colture si intersecavano a meraviglia e davano origini a campi variegati ben lontani dalle specializzazioni agricole moderne. Tutto questo in una campagna densamente popolata.

L'allegoria del "Buon Governo" di Lorenzetti proprio alla vigilia della peste nera è un magnifico affresco, in tutti i sensi, dell'esplosione demografica Toscana che arrivò a contare qualcosa più di un milione di abitanti. Nel 1300 la densità demografica in Toscana, riferendoci con Toscana all'attuale entità amministrativa e quindi leggermente diversa a quella del basso Medioevo o a quella del Granducato seguente, raggiunse il livello di 45,5 ab/kmq. Dato a dir poco sbalorditivo per l'Europa del tempo. In queste terre che dolcemente salgono e scendono tra colline e pianura, la vite è ed era presenza immancabile. Le pendici collinari e i dintorni delle città di pianura costituivano le terre che letteralmente inondavano di vino i grandi centri urbani, dove la richiesta era ora più forte che in passato ed interessava più o meno tutta la popolazione. La peste nera in termini demografici cambiò tutto. E tali conseguenze si ripercossero nei paesaggi desolati delle campagne e nei centri urbani svuotati. In poco più di due anni la popolazione della Toscana quasi si dimezzò. Fu una piaga che afflisse l'Europa intera, ma certo che nelle terre più densamente popolate il numero degli individui persi fu impressionante. Si pensi solo che quella densità demografica così impressionante della Toscana del

1300, passò da quell'incredibile 45,5 ad appena 19,1 del 1400. Tornerà poi a crescere lentamente ritornando ai livelli trecenteschi solo agli inizi del XIX secolo. I dati sull'urbanizzazione sono ancor più sconvolgenti, per raggiungere gli stessi abitanti urbani di inizio '300 (intendendo con la dicitura "abitanti urbani" gli abitanti di città con più di 5000 individui) bisognerà aspettare l'unità di Italia (dati consultabili in www.issm.cnr.it). È anche pur vero che se le conseguenze della peste nera furono notevoli sulla riduzione dei paesaggi agrari e quindi anche vinicoli, è anche pur vero che la coltivazione della vite era ormai elemento immancabile nelle campagne. Almeno proporzionalmente alla popolazione. Va poi considerato, come si diceva, che in termini di popolamento i dati numerici ricavati per la Toscana di fine '200 e della prima metà del '300 erano davvero impressionanti per l'Europa del tempo. E se vogliamo comprendere come questa esplosione demografica avvenne, dobbiamo volgere lo sguardo anche, ma ovviamente non solo, a quelle che paradossalmente erano le debolezze del territorio toscano.

Tra queste debolezze vanno sicuramente citate le zone paludose, da sempre ben presenti nel territorio toscano. Sono zone solo recentemente piegate al volere dell'uomo, e di certo ciò non fu operazione facile. Quella secolare sedimentazione delle fatiche dei contadini che portò alla conquista (letterale) di vasti territori dominati dalla natura e da essa resi inospitali per gli esseri umani, quello stesso scorrere di sudore umano che portò a domare il corso dei fiumi e i conseguenti inondamenti, era nel basso Medioevo ben lungi dal concretizzarsi. In quella tensione storica che vede contrapposti uomini da un lato e natura dall'altro, dove a conquiste seguono perdite e poi di nuovo riappropriazioni da parte dell'uno o da parte dell'altro, gli uomini medievali partivano svantaggiati rispetto al periodo precedente. Nel Medioevo le zone paludose si erano allargate, impossessandosi di territori precedentemente bonificati al tempo dei romani. Per esempio vaste zone della Maremma. Oltre ovviamente a rimanere caratteristica dominante in molte zone vallive come per esempio la val d'Elsa. Era la natura che si imponeva sull'uomo. E se quindi da un lato le zone paludose respingevano le popolazioni verso le pendici di monti e colli, e se dall'altro l'inospitalità delle zone più altimetricamente rilevabili le rigettava a loro volta verso il basso, non ci si può stupire del raggruppamento della popolazione sulle colline, zone d'elezione privilegiate per la coltivazione della vite. E d'altro canto non si può non rendere omaggio alla natura rilevando che l'incredibile densità di popolamento, probabilmente senza pari nell'Europa del periodo, era resa possibile proprio dallo sfruttamento umano di ciò che li respingeva: le paludi in basso e le zone montagnose in alto. È in questo integrarsi di zone così diversificate, in spazi così contigui, che risiede la ricchezza di una terra dove l'agricoltura di fondovalle poteva essere integrata dai castagni della montagna e dalle coltivazioni alberate delle pendici collinari. Sono in queste "interfacce" di confine che si cela una surrettizia ricchezza sul modello di come lo è stato per l'Anatolia del III-II mill. a.C., così ricca di popolazione sebbene all'apparenza così povera di risorse. D'altronde secondo Erodoto i primi abitanti della Toscana di cui si ha notizia, quegli Etruschi a cui tanto devono i Romani, erano originari della Frigia e quindi dell'Anatolia. Come se nel loro lungo peregrinare si fossero fermati proprio là dove avevano sentito "odore di casa". Certo questa è un'ipotesi e ben lontana dall'essere confermata. Personalmente propendo maggiormente per una fusione tra popolazioni indigene e una qualche popolazione proveniente dell'odierna Creta. Ma se si considera che ogni cartolina della Toscana ha un qualche cipresso di sfondo, e se si considera che il "cipresso" è un albero originario dell'Anatolia e solo successivamente importato sulle sponde del mar Tirreno, bé un qualche collegamento ci potrebbe pur essere.

CAPITOLO 6
FONTI

.

Solitamente l'enunciare le fonti è atto preliminare all'esporre i "fatti" o le ricostruzione, ma in questo caso ho preferito fare una deviazione per non annoiare il lettore più interessato ai dati che alle fonti. Ovvero per tutti quei lettori non accademici che seppur hanno bisogno di aver certezza sui dati ottenuti e sulle ricostruzioni apprese, non smaniano di andare nei i bui e desolati archivi, la faccio drammatica, a confermare o a negare quel che è stato finora esposto. È un lavoro a parer mio assai noioso se visto come lavoro di conferma, ma è un lavoro estremamente gratificante per chi ha quella sensibilità nell'immedesimarsi in tempi passati, nello stringere tra le mani fisicamente un passato che parla e che bisogna solo saper ascoltare. Più volte mi sono imbattuto in lavori del genere, ed in ambiti storiografici diversi. In questo ambito vinicolo però più che le fonti primarie ho controllato fonti secondarie, analizzando quindi principalmente i lavori di altri accorti studiosi del passato. Ringrazio questi illustri colleghi, tra tutti Melis, ed anche i loro anonimi studenti.

Al di là della bibliografia consultata è importante menzionare sempre le fonti primarie su cui ci si basa. Non che tutte le fonti primarie sono connesse direttamente al nostro argomento. Anzi in genere si leggono e analizzano montagne di documenti che attengono alle cose più varie. Si è sempre alla ricerca di un dato, di un'informazione che possa emergere dalla massa di informazioni sotto analisi e che possa darci un'informazione o una qualche indicazione che ci guidi verso un'ipotesi di lavoro. In questo ambito vanno presi in esame tutti quei documenti che ci derivano dalle aziende commerciali dell'epoca, queste specialmente se di grandi dimensioni, si sono occupate anche del vino. Le informazioni che ricaviamo non riguardano soltanto il lato mercantile, ma ci parlano vivamente della produzione, della sperimentazione e di quant'altro. Per esempio queste grandi aziende con il tempo si dotano sempre più di vaste proprietà fondiarie per dedicarsi alla produzione e non solo alla commercializzazione. E' grandioso vedere con quanto impegno si cerchi di sperimentare. Si piantano viti dappertutto non per produrre dappertutto ma per vedere dove la produzione potrebbe essere la migliore. Le varie ville nobiliare, con cui di solito si identificano fisicamente queste "aziende", sono di estrema importanza in tal senso. Dalle aziende commerciali toscane si ha una ricchezza di carteggio, di corrispondenza epistolare, che senza timore di essere smentiti si potrebbe dire senza pari nel panorama dell'epoca sia italiano che europeo. Melis ci propone anche una qual certa quantificazione (Parrini 1984 Cap 1, p.5) "abbiamo la fortuna di disporre di una massa incalcolabile di documenti di tal sorta, fra cui almeno 250.000 lettere commerciali (fra l'inizio del Trecento e la fine del Cinquecento)". Tra questi i documenti Datini, su cui principalmente si basa Melis e che sono consultabili tramite l'attuale omonima fondazione, sono "150.000 e più lettere" che provengono da quasi 300 città appartenenti a ben 15 Stati differenti e praticamente rinviano all'intero Mediterraneo e all'Europa occidentale. L'intraprendenza dei banchieri e dei commercianti fiorentini all'epoca era veramente sbalorditiva. Datini è forse l'esempio più eclatante, ma non il solo.

Si pensi ai carteggi di fine trecento che i mercanti-banchieri fiorentini stabiliti a Bruges ed a Londra, città invase da vini provenienti dalla Francia atlantica, intrattenevano con esponenti di aziende stabilite a Maiorca ed a Valenza per farsi spedire da quest'ultimi qualche campione dei vini di Alicante e della regione valenciana nonché i vini di Maiorca. All'epoca i vini spagnoli non riuscivano ancora a far breccia nel resto del continente, ma la curiosità dei banchieri-mercanti fiorentini, il voler essere sempre un passo avanti su ogni qualsivoglia articolo prolifico di un qualche guadagno, li incentivava a sperimentare ed a incuriosirsi incessantemente. Dovrebbero esser state delle persone davvero eccezionali, mosse dal guadagno ma che vedevano dietro quel guadagno un qualche "bene" di maggior pregio ancora, un qualcosa che veniva come esplicato attraverso la conoscenza. Ai tanti mercanti toscani, ma non solo,m di fine Medioevo, alla loro intraprendenza, curiosità, e anche se meno nobile, voglia di guadagno, esprimiamo un profondo "grazie", assieme ad un "evviva" alle forti idee che li hanno spinti. Qualunque esse siano.

Il mercante del tardo Medioevo è un indagatore instancabile della società in cui vive. Di essa considera tutto, non si fa sfuggire nulla, esige di conoscere tutto. Dagli argomenti di suo personale e diretto interesse, alle situazioni ed eventi a lui più distanti, dall'ambito economico di un mercato all'ambito sociale di una piazza, dai soggetti che intercorrono nelle transizioni all'intera sfera economica e sociale in cui essi sono immersi, dalla sfera politica a quella artistica, dalle informazioni di ordine prettamente geografiche alle interpretazioni religiosi. Come osserva Christian Bee, oltre che per il gusto e la passione di apprendere, questi uomini d'affari ci impressionano per il desiderio di ritrasmettere ad altri le notizie acquisite, ovviamente tranne quelle segrete (Bee 1968, pp.109-110). Le lettere mercantili a volte si elevano da meri e propri indicazioni economiche epr elevarsi a dei trattati sugli argomenti più disparati. D'altronde come si diceva nelle varie premesse e nei avri capitoli, il vino non è di certo scisso dai moti che investirono le dinamiche economiche e sociali dell'Europa occidentale. Infatti non saprei nemmeno se utilizzare proprio il verbo "elevarsi" da un argomento all'altro, visto che in questi casi (in questi carteggi) gli argomenti più prettamente culturali nascono quasi in risposta a quelli economici. Oppure è l'esatto contrario, e il mercante è l'inconsapevole strumento del prevalere della cultura sull'economia. Ad ognuno la sua risposta. Certo che da questo per me inestricabile groviglio di cultura e di economia, di causa e effetto, nasce la figura a dir poco sbalorditiva del mercante di fine Medioevo.

Non so se i banchieri e i "mercanti" di oggi abbiano la stessa visione e la stessa temerarietà intellettuale, di certo non gli guasterebbe né la reputazione né il godimento delle loro vite. Questi esempi ci aiutano a comprendere come mai la documentazione consultata o consultabile non risiede solo in Toscana. Per esempio si segnala anche il complesso di registri tenuti a Napoli dalle Compagnie di Filippo Strozzi che vi si sono succedute, da quella di Filippo e di Matteo a quella di Giovanfrancesco, uno dei nomi più lunghi del medioevo e del rinascimento fiorentino.

E poi ci sono altri archivi. Fra tutti ovviamente risaltano quelli Firenze, non sono quello statale, ma anche quello dello Spedale degli Innocenti e i vari fondi privati Strozzi, Gondi, Medici, Del Bene, Arcispedale, ecc. Archivi rilevanti sia dal puntio di vista della quantità della documentazione ma anche sotto il profilo della qualità. Ma si può anche cambiare città e recarsi all'archivio Salviati di Pisa, che senza ricordarlo troppo ai pisani era città sotto Firenze fin dal 1406. Imponenti (più ancora) sono le serie dei registri contabili – delle scritture delle analisi (dove sorprendiamo addirittura dei quaderni appositi del commercio vinicolo, senza dire dei "Libri di possessioni" che ci descrivono dettagliatamente i vari appezzamenti di terre e che ci permettono di seguirne i frutti e la loro destinazione, che sia il mercato o il consumo familiare. Vi è tutta una documentazione notarile da spulciare. Il certosino Melis lo ha fatto per esempio per quella genovese, ed analizzando "varie migliaia di rogiti notarili genovesi" ha ricavato utili informazioni atte ad illustrare la circolazione del vino toscano nella repubblica Genovese ed in Toscana.

Oltre a questa documentazione privata e notarile, ci sono poi le preziosissime informazioni ricavabili dai libri delle gabelle, ovvero le temutissime imposte indirette sugli scambi e sui consumi di merce. Queste erano infatti riscosse da esattori invisi alla popolazione in maniera direttamente proporzionale alla loro precisione nel registrare ogni pur minimo movimento. Da quel che possiamo vedere dai libri delle gabelle questi esattori, i gabellieri, dovevano essere estremamente precisi ed accurati. In questo senso i dati che si possono ricavare da tale documentazione, e che in minima parte vi ho precedentemente riportato, testimoniano anche per la loro poca simpatia al volgo. È infatti attraverso loro che ogni studioso può ricostruire i passaggi e i costi dei vari vini e i livelli di tassazione. Ed infine ci sono i principi indiscussi della documentazione tardo medioevale (a partire dal 1427): i catasti. Di loro se ne è già parlato durante la trattazione di vari argomenti, si veda per esempio il capitolo 5.1 Questa documentazione "istituzionale" in Toscana è notevolmente nutrita. Fatto eccezionale al pari del rinascimento.

Ci sono poi gli scritti di studiosi e agronomi del periodo. Presentiamo brevemente almeno coloro che abbiamo più citato in questo saggio. Un gesto di omaggio per propiziarci quelli che i maori chiamano lo spirito degli antenati dei luoghi. E gli spiriti a cui qua ci rivolgiamo risiedono tra vigne e biblioteche.

Pietro de' Crescenzi nato a Bologna verso il 1233 e morto nella stessa città nel 1320. Era uno studioso eclettico che si interessava dei più disparati campi del sapere, ma che all'epoca tanto "disparati" non venivano ritenuti. Dalla filosofia alla giurisprudenza, dalle scienze naturali alla medicina, tutto fu concretizzato nel più importante trattato di agronomia medievale. Si tratta dell' Opus Ruralium Commodorum (Liber Cultus Ruris). Il suo approccio lo rendeva infatti estremamente utile non solo nelle divagazioni e nei soddisfacimenti speculativi, ma anche nella pratica con la zappa. De' Crescenzi dichiarò che per redigere il suo trattato di agronomia si era basato su tre tipi di fonti: gli autori antichi, i moderni, e l'esperienza. Sebbene su quest'ultima "fonte" molti autori successivi abbiano mosso perplessità soprattutto se paragonata alle osservazioni sperimentali e naturalistiche di un suo contemporaneo agronomo arabo di Siviglia, ibn al-Awwam, il trattato ebbe un innegabile successo. Fu così apprezzato che ebbe numerose edizioni in lingua latina, italiana (toscana), tedesca, francese ed una persino in inglese. Se poi con "esperienza" si intende che da bravo uomo medievale avesse anche una certa familiarità con il vino a tavola, questa non può che essere una buona pubblicità per il consumo di tale bevanda, visto che arrivò a ben 87 anni. Niente male per gli standard dell'epoca. Inoltre se si considera che la sua magna opera, il suddetto trattato, è stato pubblicato tra il 1304 ed il 1309, quindi quando era già decisamente in là con gli anni, si deve anche aggiungere che a quella venerabile età ci arrivò in ottime condizioni intellettive.

Un'altra nostra fonte dell'epoca è Michelangelo Tanaglia, un letterato fiorentino nato a Firenze nel 1437 e morto a Firenze nel 1512. Anche costui ebbe una lunga vita, e similmente a De' Crescenzi non è che si possa dire abbia girato molto fuori dal proprio Stato. Possiamo dire che si è guadagnato il titolo di agronomo per la sua opera De Agricoltura, dove però si manifestò più come letterato che come agronomo. Si consideri infatti che quest'opera sebbene sia stata scritta in volgare, era fondamentalmente un poema didascalico in terza rima. Non credo che chi fosse interessato alla produzione vinicola all'epoca fosse parimenti interessato alla rima, e forse più che alle forme e allo stile era più attento ai contenuti. Almeno per quel che si può appurare dai carteggi. Ad ogni modo il suo volume sebbene meno importante del trattato precedentemente citato, è comunque ricco di informazioni. Michelangelo non ha una biografia così importante come il sopra menzionato De' Crescenzi, né tanto meno come il personaggio che tratteremo in seguito, ma può vantare un'illustre amicizia, un suo omonimo che ebbe ben altra risonanza a livello mondiale, il "divino" Michelangelo Buonarroti.

Andrea Bacci si differenzia invece dagli altri due studiosi per bibliografia e biografia. Innanzitutto nacque in un posto nel 1524, Sant'Egidio a Mare nell'attuale regione Marche, studiò in un altro, a Siena, e morì in un altro ancora, a Roma nel 1600. Era laureato in medicina ed esercitò la professione di medico a Serra San Quirico, nei pressi di Ancona, ma ben presto fu attirato da un centro con ben altra attrazione gravitazionale, Roma. A Roma scrisse molto, e siccome da buon medico e da buon scienziato aveva una forte passione per la botanica, ottenne anche la cattedra di botanica presso l'Università la Sapienza. Non sorprende quindi che abbia scritto un trattato che prende l'avvio dalla storia dell'uva e dei vini in età antica, per arrivare a concentrarsi sui vini dell'Italia del suo tempo. Su quest'ultimi non fece mancare di certo giudizi di qualità, dandoci quindi informazioni di straordinaria importanza. Il *De naturali vino rum historia*, pubblicato nel 1596, fu il suo ringraziamento al cardinale Ascanio Colonna, al quale dovette i favori papali di cui godette. Era diventato infatti nel 1586 anche archiatra papale sotto Sisto V, ovvero medico papale. Certo i trattati degli agronomi sono ancor più ricchi di informazioni essendo loro interessati alla pratica, ma questi sunti da parte di eruditi ci danno un quadro di insieme fondamentale.

Vi erano poi dei degustatori semi-professionisti, dei buongustai dal palato fine che venivano mandati in giro per le campagne come dei talent scout del vino. Melis cita per esempio degli uomini di affari di

Firenze, di Prato, di Pistoia ed altri "addirittura" di Arezzo, che mandavano i loro degustatori nelle colline lucchesi al fine di ottenere ottimi approvvigionamenti. Il loro palato doveva risultare particolarmente affidabile. Di questi particolari personaggi si apprendono informazioni dalla messa in relazione di carteggi privati e alcuni libriccioli contabili.

Francesco di Marco Datini è forse il mercante rinascimentale più famoso della storia; di sicuro il prototipo dell'imprenditore che si fa da sé. Questo mercante non avrà avuto l'intraprendenza e il "kilometraggio" di Marco Polo, ma è forse il mercante più preciso che conosciamo nel periodo da noi analizzato. Dal suo carteggio privato e dal suo archivio contabile abbiamo tratto numerosissime informazioni sui vini, sulle loro provenienze, sui mercati enologici, sui loro prezzi ecc. Ma non solo. È stato una incommensurabile fonte di informazioni su tante altre questioni che hanno investito e modificato l'economia occidentale e quindi con premesse e conseguenze sulla società europea nel suo complesso. Causa e conseguenza si mischiano in maniera inscindibile. Alla memoria di Francesco Datini va un sentito grazie.

Nacque a Prato nel 1335 e ben presto vide morire suo padre, sua madre e tre dei suoi quattro fratelli.

Tutti portati via dalla peste nera del 1348. Quando nel corso di questo studio si evidenziava la diminuzione della popolazione dovuta a questa grande epidemia, ogni dato poteva scorrer via senza che il lettore si rendesse davvero conto del peso di quei numeri. Forse questo episodio dà un senso più vivido a quell'immane tragedia. Suo padre era un umile oste, e Francesco rimasto senza nessuno al mondo fu tirato su, con il solo altro fratello rimastogli, dalla gentildonna Piera Boschetti. Iniziò ben presto a lavorare come garzone presso due mercanti fiorentini. Ma non passò molto che egli si trasferì ad Avignone, allora sede del papato. Aveva solo quindici anni e dimostrò quel gran senso di intraprendenza tipico della sua professione. A leggere la sua storia si è spinti verso di lui da un moto di simpatia, forse per le sue sfortunatissime vicende iniziali unite a quella sua voglia di riuscire nonostante tutto. È per questo che si è sollevati a sapere che quando nel 1363 fonderà una sua società, le cose per lui andarono così bene che in breve tempo si costruì una enorme fortuna. E continueranno ad andargli bene, anzi benissimo. Fu a capo di una specie di multinazionale che si occupava di svariati prodotti ma più che altro della produzione e del commercio tessile. Impiantò manifatture in più paesi, Pisa, Barcellona, Valenza e Prato solo per citarne alcune; lasciò anche operativa la sua sede di Avignone anche quando ritornò in patria, a Prato, a seguito del ritorno del papa nella sua sede d'elezione fin dai tempi di San Pietro. Ma il centro principale dei suoi molteplici interessi divenne Firenze. Colà fissò la sede della Direzione Generale delle sue molte società, che così divenne il centro della sua ragnatela economica. La Compagnia del Banco fu una specie di prototipo (anch'essa!) di un'azienda bancaria. E infatti a lui si attribuisce a volte la creazione dell' "assegno bancario", il motivo risiede nell'affidamento e nel costante uso che ne faceva. Creò un'immensa fortuna, e continuò ad incrementarla fino alla sua morte come se nulla potesse fermarlo se non la morte in persona. Ma non si deve pensare che la fortuna avesse tolto la benda per guardarlo più attentamente. Dietro c'era una maniacale attenzione che non venne mai meno nemmeno quando in tarda età gli furono assegnati degli incarichi pubblici. Fu così preciso e puntiglioso da conservare così tante lettere di cambio che quasi gli si attribuisce l'invenzione anche di tale tipologia di lettera (vedere ad esempio la prima attestazione del vino dal Chianti, presentata all'interno del capitolo 5.3). La lettera di cambio esisteva da prima dell'uso sfrenato che ne fece questo mercante, ma egli ne fece un uso così costante e così diffuso da sembrare di precedere, e di molto, i tempi. La lettera di cambio era una specie di magia per l'epoca, si faceva viaggiare del denaro senza spostarlo. In realtà era una modalità di riscossione del denaro in uso in tempi precedenti. Per esempio era una fonte di ricchezza già dei cavalieri templari. Praticamente nella lettera si riportava la banca (il banco) e la somma da ritirare, e con essa bastava presentarsi al siffatto banco per ritirare la somma evitando quindi di doversi portare dietro nei perigliosi viaggi dell'epoca tutta quella ricchezza. Che ovviamente era anche assai voluminosa non essendo ancora in uso la carta moneta. Era un servizio finanziario che ovviamente aveva dei costi, e in certo qual modo all'inizio bisogna pur fidarsi. Infatti si potevano utilizzare queste lettere di cambio solo affidando le proprie ricchezze alle filiali del banco. Ma di contro era un servizio che aveva grandissimi vantaggi. Ovviamente questo sistema imponeva ai vari bancari di essere molto diffusi nei territori e di poter vantare una ricchezza di base notevole, e ciò assieme ad un'affidabilità sopra ogni sospetto. Tale affidabilità non poteva che essere legata alla propria rettitudine morale. Cosa non facile da verificare prima di sperimentarla di persona. Per questo inizialmente fu una pratica in voga presso i templari, dal momento che la loro nota vocazione "cristiana" induceva molti ad affidarvisi per tali "servizi finanziari". È notevole che un singolo privato, che praticamente veniva dal nulla, seppe tirare su un sistema così efficiente da poter basare le sue fortune sulla lettere di cambio. Cosa che non abbassa di certo la stima che abbiamo su Datini. Nonostante ormai quarantenne sposò una sedicenne fiorentina, da cui però non ebbe mai figli. Circostanza che sicuramente lo incentivò verso un'altra azione atta a suscitare rispetto ed ammirazione. Alla sua morte, per la gioia del santo d'Assisi di cui portava il medesimo nome, lasciò tutti i suoi beni mobili e immobili (più di quattrocento ville) ai poveri. A tal fine istituì "il Ceppo dei Poveri" presso la sua città natale, città che divenne anche il luogo della sua sepoltura. Una parte delle sue ricchezze lasciate a fin di bene, venne impiegata anche per la creazione e per il sostentamento dello "Spedale degli Innocenti", un ospedale dedicato agli orfani di Firenze. La notizia non poteva essere sottaciuta in questo studio. Essendo io un geografo ciò non può farmi tornare alla mente l'affresco del Portico dello "Spedale degli Innocenti", considerato da Farinelli il simbolo della nascita della nuova geografia (Farinelli 2012, p.81). Considerazione forse più appartenente al campo delle speculazioni che ad altro, ma ad ogni modo stabilisce un contatto con il mercante pratese. Che molto, se non tutto ciò che definiamo moderno, abbia una certa qual genesi nel rinascimento italiano e fiorentino più specificatamente, non può che provocare un certo piacere per chi viene da quel territorio. Con tutta la valenza "geografica" che il territorio può avere. È di certo un pregio ma al tempo stesso che un peso che a volte ci induce più a guardare all'indietro che davanti. Ad ogni modo lo "Spedale degli Innocenti", l'ospedale per i bambini abbandonati, fu forse il primo esempio di brefotrofio in Europa, ovvero di istituto che accoglie neonati abbandonati o in procinto di esserlo, al pari di quelli illegittimi e degli orfani. Per questa istituzione il mondo non deve ringraziare solo lo spirito del tempo ben radicato in un territorio, ma anche gli uomini in carne ed ossa che lo hanno concepito e finanziato. Tra essi il mercante Francesco Datini da Prato. Un lascito così imponente a coloro che non hanno niente non poteva che attirare troppe attenzioni. Così prima il devastante saccheggio di Prato del 1512 minò le fondamenta del "Ceppo dei Poveri", e infine tale istituto fu addirittura soppresso da Cosimo II Granduca di Firenze. Datini morì a metà di agosto del 1410, dopo una lunga vita dedicata al lavoro e a chissà cos'altro. Di sicuro un personaggio che suscita una certa ammirazione. Un brindisi alla memoria di Francesco di Marco Datini da Prato. E proprio i brindisi potrebbero essere il segreto della sua longevità. Il suo medico gli raccomandava di bere vino bianco, ed anche lui al pari degli altri studiosi-amanti del vino menzionati ebbe una vita assai lunga per l'epoca. Non vorrei che questo scritto si trasformasse in un incentivo all'alcolismo al fine di raggiungere una maggiore longevità. Anche perché l'invito alla moderazione è sempre presente.

CAPITOLO 7

LA RIVOLUZIONE DEI "NOLI", COME TUTTO CAMBIÒ

7.1 MERCI IN VIAGGIO: LA RIVOLUZIONE DEI "NOLI"

Una rivoluzione immensamente prolifica di conseguenze, forse alla base dell'espansione commerciale europea con tutto ciò che ne seguì, si attuò alla fine del Trecento. Siamo abituati a parlare di Re, di guerre, di Stati e ad un certo punto troviamo un mondo diverso senza sapere il perché, senza che direttamente quei fatti "grandi" possano spiegarci in pieno il comparire di un nuovo fenomeno nel palcoscenico della storia. Certo non esiste una spiegazione univoca per un fatto, c'è sempre una spiegazione sistemica in cui tante componenti si mischiano. Si mescono tanto per usare un termine che ci rimanda al vino. E ciò va sempre tenuto in considerazione. Allo stesso tempo però certi "ingredienti" pesano più di altri, certi "fattori" fungono da motore per il sistema nel suo complesso. Spingono a rifunzionalizzare tanti altri elementi del sistema. A questo punto parliamo di rivoluzione. Rivoluzione francese, rivoluzione del fuoco, rivoluzione agricola, rivoluzione industriale. Qua noi parliamo della rivoluzione dei noli.

Il nolo non è altro che il prezzo pagato per il trasporto di merci, e questa rivoluzione prese avvio dal prezzo pagato per il trasporto di merci su nave.

Provate a pensare al poco successivo fenomeno del "colonialismo" con tutta la sua portata e avrete la scintilla che vi farà comprendere come questa rivoluzione leggera e silenziosa plasmò il mondo.

È da notare che, al contrario di quel che si è verificato per altri fenomeni storici, questa evoluzione dei commerci e dei noli la possiamo con certezza ancorare cronologicamente ad un ben determinato periodo, tra la fine del Trecento e l'inizio del XV secolo. Per questo si può parlare di rivoluzione. La documentazione a disposizione è assai esplicativa sull'argomento e nell'ambito dello spazio a nostra disposizione, cercheremo di darne una spiegazione quanto più esaustiva possibile. Vediamone la genesi.

Per la prima parte del XIV secolo non disponiamo di abbondanti testimonianze, e le più significative in Italia le troviamo a Venezia. Evidentemente quando si parla di commercio e di relative innovazioni non si può certo prescindere dalla Serenissima. Inizialmente la situazione si presentava abbastanza statica. Tra il 1330 ed il 1336 alcune deliberazione del Senato della Repubblica di Venezia in merito agli incanti delle galee di Stato (dicesi "incanto" la vendita pubblica di beni o di appalti al migliore offerente), ci dimostrano che *"allorché venivano fissati i noli per le merci che sicuramente sarebbero state accolte nelle stive di quei navigli, nonostante il pronunciato assortimento dei valori delle merci – i quali oscillavano nel vastissimo campo, come da 1 a 16 – i rispettivi noli si presentavano estremamente rigidi: giacché erano conetnuti in un intervallo come da 1 a 2. Questa situazione – è facile intendere – con l'incidenza del nolo sul costo, eccessiva per i beni poveri, escludeva i medesimi dalla circolazione, rendendoli inaccessibili, economicamente, al consumo delle classi meno abbienti e inadatti a trovare sul mercato un ricavo rimuneratore.*" (Melis) Si pensi solo per citare un esempio concreto, che nel tragitto da Venezia al Mare del Nord, ovvero tra il porto di Venezia e i porti di Bruges o Londra, la repubblica lagunare aveva deliberato che la tariffa per il nolo dello zucchero, prodotto di lusso, fosse solo il doppio di quello spettante al guado, bene assai più povero. Si trattava di una pianta erbacea da cui si estraeva un colorante usato in tintoria. Se pensate che il valore dello zucchero era almeno di venti volte superiore a quello del guado, capirete come tale tariffazione rendeva più economico esportare il bene di maggior pregio.

Quindi se ci fermiamo ad osservare la prima metà del XIV secolo, i beni in circolazione sono soltanto quelli definibili "ricchi", di pregio, costosi, per le tasche di pochi. Quelli che per il loro alto valore riuscivano ad ammortizzare i costi di trasporto fissi, quasi indifferenti alla tipologia dei prodotti. Ovviamente esulavano da queste leggi economiche quei beni indispensabili all'edilizia, ai cantieri navali e agli armamenti, così come quei beni imprescindibili al sostentamento umano. Per il primo gruppo alludiamo fondamentalmente al legname ma anche ai metalli, per il secondo principalmente al grano e al sale. A quest'ultime derrate alimentari i Comuni dedicavano un apposito servizio annonario. Ovviamente imprescindibile nei casi di carestie. Il grano per necessità si produceva un po' dovunque, di conseguenza la sua importazione era limitata. Inoltre si cercava di mantenere la produzione interna ad un livello di autosufficienza in quanto elemento strategico da cui dipendeva il sostentamento della popolazione e quindi la stabilità sociale. Ma è anche pur vero che in caso di carestie si ricorrevano anche a fonti decisamente lontane. Per esempio in caso di necessità Venezia si riforniva di grano anche dall'Andalusia e dal Portogallo, mentre Genova si rivolgeva principalmente all'odierna Turchia. Ma in quei momenti nefasti non si badava a spese, richiedendo grano anche dai mercati del Mare del Nord. Certo che il prezzo ne risentiva in maniera esponenziale. Ma ovviamente la fame è una di quelle malattie che ha poche medicine a disposizioni, il cui costo nel momento del bisogno diventa del tutto irrilevante. Per quanto riguarda il sale questo invece lo si poteva ottenere anche a bassissimo prezzo in quanto a volte esso fungeva addirittura da zavorra. Ma ciò non era la regola. Era costume solo per quelle navi di grosse dimensioni che frequentavano porti vicino alle saline. Ovviamente. Ma ogni qual volta se ne presentasse l'occasione era pur sempre un'ottima possibilità di approvvigionamento a bassissimo costo.

I noli erano estremamente rigidi. Questa rigidità come si diceva limitava la circolazione dei beni soltanto a quelli "ricchi", i cui facoltosi acquirenti avevano alte possibilità di spesa e potevano quindi permettersi il lusso di guardare più (se non soltanto) alla qualità del prodotto che al costo del medesimo. Poche merci su lunghe distanze e destinate a pochi acquirenti. Un commercio privilegiato (d'elité), sia in riferimento alle merci che agli acquirenti. Questi beni ricchi consistevano principalmente in spezie (zafferano, zucchero ecc.), profumi, i famosi "drappi serici" e beni simili. Insomma tutti prodotti che provenivano dall'Oriente o dal Medio Oriente. A questa categoria di prodotti "ricchi" non potevano mancare i vini "orientali": greci e levantini. I "drappi serici" a partire dal '200 venivano prodotti anche a Lucca, ma era l'unica sorgente europea almeno sino alla seconda metà del XIV secolo.

E poi avvenne la rivoluzione. Come in tutti i casi siffatti non è che si possa fare una linea di demarcazione netta nella storia umana in cui di qua e di là sia tutto diverso, però una linea con un certo buffer è possibile. E quindi: che cosa accadde in quell'intervallo di tempo che grosso modo possiamo delimitare agli ultimi decenni del XIV secolo? Le migliaia di atti di trasporto riguardanti svariate merci e su molteplici itinerari, ci illustrano l'ampliarsi sempre più deciso del numero delle merci in circolazione e del loro volume. Non solo beni di lusso, ma beni comuni dall'ampia diffusione in tutti gli strati della società. In altre parole: la nascita del mercato di massa. Oggi come oggi questa dicitura ci fa venire in mente sensazioni positive e sensazioni negative. All'epoca era un'autentica novità carica solo di un'accezione positiva. Si ampliarono il volume delle merci, si ampliarono le merci stesse, e si ampliarono e si intensificarono gli itinerari. Con tutte le conseguenze socio-economiche che ciò comporterà. Si tratta di una vera e propria conquista che secondo Melis farà presa sulle società europee ancor prima della metà del Quattrocento, in pieno Rinascimento. Tutto ciò fu possibile grazie a ciò che la documentazione del tempo ci illustra: la differenziazione dei valori dei noli. Se come abbiamo visto ad inizio XIV secolo le merci erano gravate da noli oscillanti fra 1 e 2 (usiamo le proporzioni per dare meglio l'idea dei valori relativi tra le varie merci), nell'ultimo decennio del medesimo secolo l'oscillazione era già assai più corposa, almeno da 1 a 11. E tenderà ancora ad aumentare nei primi decenni del XV secolo. Il passo avanti è notevole. La variabilità dei valori delle merci si fa più aderente alla variabilità del valore dei noli. Si rompe quella rigidità strutturale delle merci in circolazione. Ovviamente allora come oggi non si arriverà mai alla concordanza dei campi di variabilità, merci e noli, cosa che non avrebbe nessun vantaggio economico, ma quel rompere la rigidità dei noli, che inizialmente erano come abbiamo visto quasi identici per tutte le merci, avrà come effetto la diffusione nel mercato anche di quei prodotti poveri precedentemente esclusi dai traffici commerciali. Si favorì quindi la diffusione dei beni di minore valore ma di più ampio e diffuso consumo.

Fu un cambiamento così notevole che non poté non avere delle resistenze. Come tutte le innovazioni. Molte lettera della fine del Trecento rivelano infatti la resistenza di taluni armatori ad accogliere le tariffe differenziate che proponevano i mercanti, i quali controbattevano con insistenza che per il servigio di trasporto "ormai si costuma fare così". Mi sembra di risentir parlare entrambe le mie nonne. La resistenza da parte degli armatori, le incertezze che in un determinato momento albergarono nel mercato dei noli e le imposizioni che intendevano fare i mercanti, provano che quelle tariffe fossero di recente creazione. L'applicazione delle nuove tariffe differenziate sui noli fu quindi il frutto di una contrattazione che emerge chiaramente dalla documentazione. La contrattazione è la base di ogni scambio commerciale e di ogni movimento di merce, ma qua si faceva appello a consuetudini vecchie da una parte, gli armatori, e a consuetudini nuove dall'altra, i mercanti. I mercanti erano un po', quindi, il motore dell'innovazione.

Un'innovazione che non ci mise molto ad affermarsi pienamente. Già fin dai primi anni del secolo successivo, si parla e ci si riferisce addirittura a "capitoli", cioè ad accordi scritti che avevano ormai canonizzato e sanzionato quella nuova consuetudine tariffaria. È vero che la contrattazione è alla base del commercio, ma può anche stancare. Così l'avere dei capitoli ci rimanda ad un ambito in cui la contrattazione sui noli viene portata al minimo. Ovviamente nella pratica non sarà mai azzerata. Come d'altronde non lo è nemmeno oggi.

La prova della regolare adozione di questa nuova flessibilità dei noli la si riscontra in numerosi documenti mercantili, ma uno di essi salta all'occhio più di ogni altro. Se non altro perché proviene proprio da una di quelle fonti segnalate in precedenza. Si tratta di una "pratica di mercatura" che un impiegato del Datini compilò nel 1396 (vedere B. Dini 1980). Da questa "pratica" emerge che l'intervallo di variabilità dei noli delle varie merci era decisamente ampio. Altro che rigido e semi-costante come solo pochi anni prima. Dagli 0,50 soldi (piombo) ai 248 soldi (fili serici). Ciò porta la variabilità dei noli a circa 1:500. E pensare che in questa variabilità non consideriamo la merce più ricca, ovvero i drappi serici, ma solo la materia prima da cui essi venivano tratti, ovvero i "fili serici". Altrimenti la variabilità dei noli avrebbe avuto un'ulteriore impennata. Anzi se volessimo riportare notizie sensazionalistiche da bucare la prima pagina dei giornali, potremmo considerare il nolo relativo alle perle, forse il bene più ricco, che arrivava addirittura a 1800 soldi per la comune base di 100 libbre. In questo caso la variabilità sarebbe salita addirittura a 1:3600. Ma oggettivamente parlando, nell'ambito della possibilità di essere oggettivi, tale dato avrebbe poco significato vista la natura del tutto eccezionale di quella merce.

In quell'epoca si è compiuta quindi un'autentica rivoluzione. Una rivoluzione in senso economico per la quale le tariffe di trasporto, dalla loro condizione di estrema rigidità passarono ad una flessibilità più aderente al valore dei beni. Grazie a queste nuove tariffe dei noli fu aperta ovunque la circolazione a qualsiasi bene. Facciamo un esempio esemplificativo.

E' un po' come se voi aveste una nave a disposizione per le vostre merci e sia che esportiate oro, sia che esportiate girelle Motta il costo del nolo sarebbe lo stesso. Questo è l'iniziale sistema rigido e quasi fisso dei noli. Tale sistema rendeva estremamente conveniente esportare merci pregiate, oro, ed estremamente sconveniente esportare materie "popolari", le girelle. Poniamo che il valore dell'oro fosse 100 (per 100g) alla partenza, all'arrivo tale valore sarebbe stato gravato dal costo del trasporto, mettiamo 2, di modo che la merce nel mercato d'arrivo sarebbe costata 102 con un aumento del 2% rispetto al mercato di partenza; le girelle, essendo una merce povera, partivano dal medesimo porto che avevano un valore di 1 (sempre per 100g), e aggiungendo lo stesso costo fisso del nolo, ovvero del servizio di trasporto, sarebbero arrivate a costare 3 nel mercato d'arrivo, con un aumento del 300%! Insomma, capite che l'incidenza del trasporto sul valore della merce era decisamente pesante e soprattutto differenziato a seconda del valore della merce. Al di là della bontà indiscussa delle girelle, avendo esse un valore basso alla partenza, all'arrivo avrebbero avuto un valore assai più elevato in relazione alle altre merci. Cioè se da Venezia questi carichi dovevano arrivare a Londra, e a Venezia l'oro valeva 100 e le girelle 1 e tra le due la differenza relativa era di 100 a 1, all'arrivo a Londra l'oro valeva 102 e la girella 3 con conseguente notevole livellamento dei valori. Non più 100 a 1, ma bensì 33 a 1. In queste condizioni era del tutto antieconomico esportare materie o merci di scarso valore, che tra l'altro non avrebbero potuto avere mercato a causa del loro alto costo. Per questo il fatto che alla fine del XIV secolo si plasmò il prezzo del nolo sul valore della merce, ebbe delle conseguenze notevolissime. Fu senza ombra di dubbio un'innovazione notevole.

Insomma quello che cambiò alla fine del Trecento, tra le altre cose, furono gli elementi ausiliari del commercio, tra cui il principale era il "servigio del trasporto". Solo ora tale "servigio" viene adattato all'esigenza dell' "atto superiore" dello scambio, permettendo la commercializzazione di un numero sempre maggiore di beni fino all'approdo al commercio di massa. A quel che ci è dato vedere, tutto si innescò a partire da fattori squisitamente economici che ebbero come effetti notevoli progressi tecnici, e quest'ultimi si avvinghiarono a quei primari impulsi genitrici in inscindibili vortici alla base dell'espansione delle società dell'Europa occidentale. Si capisce bene quindi che le conseguenze tecniche di questo adattamento furono effetto e causa dell'espansione di quel mondo. E furono conseguenze immense. Conseguenze tecniche che si riversarono inizialmente sui mezzi di trasporto.

L'accresciuta richiesta del "servigio di trasporto", dovuto all'apertura del mercato a prodotti più poveri che potevano essere remunerativi solo su grandi quantitativi trasportati, ebbe come conseguenza un progresso inestimabile sulle flotte. Tutto questo infatti avvenne con precedenza nell'ambito della navigazione marittima. Il motivo è da ricercarsi nella più ampia possibilità di carico merci che le navi permettevano rispetto ai mezzi di trasporto atti alla viabilità terrestre e fluviale. Così si moltiplicarono il numero delle navi e contemporaneamente anche la loro portata. Le navi passarono infatti da un massimo di 400 tonnellate di portata, ed è da considerare che navi con tale tonnellaggio erano anche piuttosto rare, a navi che arrivavano addirittura a 1600 tonnellate di portata. Si aumentarono la velocità del trasporto marittimo assieme alla frequenza ed alla regolarità delle spedizioni, e parallelamente si diminuirono le soste necessarie nei porti. Si implementarono e consolidarono le rotte commerciali, con tutte le conseguenti implicazioni nei rapporti umani. Ma non solo. Si rese necessario anche il consolidamento delle navi per renderle atte a superare quelle che una felice espressione in una polizza di assicurazione di Palermo del XV secolo definirà come le insidie "umanali e divinali". Se il colonialismo in certo qual modo ha plasmato il mondo così come oggi lo conosciamo, la silenziosa rivoluzione dei noli ha dato forma agli impulsi "ideali" alla base di tale colonialismo.

Nasce praticamente quel mercato delle merci "povere" che trasformerà la società. Le merci sono "povere" in relazioni a quelle ricche, ma se quelle ricche sono limitate a poche facoltose persone, quelle povere si aprono ad un ventaglio di popolazione ben maggiore. Creando una nuova categoria di acquirente. È il primo passo dell'apertura del mercato su lunga distanza non più solo e soltanto a Re e Principi, non più solo alla classe agiata e nobiliare dell'alta società, ma ad una nuova tipologia di cliente: il consumatore. Il consumatore porta con sé una valenza quasi "plebea" che travolgerà tutto. Resteranno i Re, resteranno le Regine, resteranno i nobili e i signori, ma il mercato si orienterà sempre più verso la "plebe". La borghesia che ne nasce, la trasformazione del concetto di popolo, sarà tutta una conseguenza inevitabile. Dal concetto di popolo al concetto di massa, a quello di consumatore. La storia moderna è tutta il risultato di ciò. E voglio sottolineare che se ciò è avvenuto, nel bene e nel male, lo si "deve" anche e soprattutto alla diffusione dei beni "poveri" che hanno trasformato le regole del mercato. E tra questi beni "poveri" uno degli indiscussi motori era sicuramente un prodotto che la società rinascimentale valutava positivamente sotto tanti aspetti, tra cui il benessere personale e la felicità nei momenti conviviali. Un prodotto legato al buon vivere. Il vino!

7.2 EFFETTI DELLA RIVOLUZIONE DEI "NOLI" SUL VINO E SUL SUO COMMERCIO

Quell'iniziale rigido sistema di tariffazione dei noli gravava in maniera determinante anche sul vino e la sua distribuzione. Se è pur vero che nel Medioevo tra le merci di lusso che avevano libero accesso al mercato su lunga distanza vi erano anche i vini più costosi, in generale il vino era sicuramente da considerare un bene povero. Oltretutto aveva l'aggravante che per essere commerciato doveva essere trasportato in grossi ed ingombranti recipienti, che occupavano molto spazio e gravavano con il loro peso. Per questo la circolazione del vino era ristretta a pochi vini. Pochi e costosissimi. D'altronde la stragrande maggioranza dei vini erano ben più leggeri, da un punto di vista alcolico, di quelli a cui noi siamo abituati oggigiorno. Il vino era una merce dalla natura facilmente deperibile. Solo alcuni vini erano dotati del beneficio di sopportare lunghi tragitti. Si trattava infatti di vini robusti, liquorosi, che grazie alla loro forte gradazione alcolica erano atti a superare lunghi viaggi potendo al contempo conservare le proprie qualità. Stiamo parlando principalmente dei ben noti e citati vini di provenienza egea o libanese. Malvasia e il vino di Tiro su tutti. Il loro costo all'arrivo nei porti italiani di Venezia o Pisa poteva arrivare anche a superare i 12 fiorini ad ettolitro. Notevole se si pensa che abbiamo incontrato vini nell'Italia centro-settentrionale, e quindi in quella parte di penisola afferente ai porti di Pisa e Venezia, il cui costo era addirittura 1/5 di fiorino.

Ad ogni modo questa situazione iniziale dei noli fissi o quasi, aveva profonde conseguenze sulla produzione del vino. Essendo i noli penalizzanti per la circolazione dei beni "poveri" su largo raggio, la coltivazione della vite, e la relativa produzione del vino, era diffusa in ogni dove. Ciò era dovuto all'importanza sociale del vino, alle sue riconosciute proprietà terapeutiche e a motivazioni culturali inerenti alla società dell'epoca. Come abbiamo già visto. Questa ampia diffusione della viticoltura in Italia era favorita anche dal fatto che nella penisola la vite attecchisce un po' ovunque. Certo non con i medesimi risultati qualitativi. Ma questo non era considerato un ostacolo insormontabile, visto che il principale problema era il reperimento delle risorse alimentari. Ed ecco quindi che la produzione del vino in quell'epoca avveniva grosso modo dappertutto.

Ma poi avvenne la rivoluzione dei noli. Sebbene il principio di "causa ed effetto" dia una descrizione della realtà prettamente logica, la realtà stessa si presta a svariate sfaccettature in cui la causa e l'effetto si mischiano, si confondono. Spesso sembrano proprio due facce di una stessa medaglia. Più spesso ancora due elementi difficile da scindere. Di sicuro si possono leggere sia in un verso che nel verso opposto. Si può quindi sottolineare non solo l'apporto del ruolo sociale del vino nel trasformare le tariffe dei trasporti, ma anche l'opposto. Ad ogni modo il vino fu una di quelle merci che più hanno spinto alla ristrutturazione tariffaria dei noli e che al tempo stesso più hanno beneficiato da quella nuova tariffazione. A partire principalmente dai suoi riflessi sulla produzione.

Tenendo a mente questa premessa, diciamo che con l'adozione delle nuove tariffazioni dei noli si accentuò ancor più la produzione vinicola in certi territori a discapito di altri. Il motivo è semplice: il commercio della stragrande maggioranza dei vini, come si diceva, era inizialmente vincolato a mercati non molto lontani e quindi solitamente raggiungibili per vie terrestri. Per i motivi sopra esposti, costo e principalmente, per questo specifico caso, la deperibilità del prodotto. È quindi del tutto legittimo affermare che l'adozione delle nuove tariffe per i mezzi di trasporto marittimi avvantaggiò grandemente tale commercio, come d'altronde per qualsiasi altra merce povera. Ma forse per il commercio del vino ancor più importante fu il benefico effetto riscontrato allorquando queste nuove tariffazioni passarono ai mezzi di trasporto per la viabilità terrestre e fluviale, e ciò accadde ben presto.

Gli effetti benefici delle nuove tariffazioni anche sui mezzi di trasporto terrestri non sono evidenti solo per il vino. A riguardo abbiamo chiari indizi, i più lampanti sono forse la rinascita delle grandi fiere internazionali come quella di Ginevra o di Lione. Fiere importanti che testimoniano l'inarrestabile diffusione delle nuove tariffazioni, con le relative conseguenze. Sebbene queste fiere non costituissero dei grandi mercati internazionali di vino, esse testimoniano e danno ragione a quella moltiplicazione e consolidazione delle correnti commerciali in Italia e nell'Europa occidentale. Correnti che favorirono ovviamente anche una delle merci "povere" più richieste: il vino. Forse il mercato del vino è uno dei primi mercati per cui si possa parlare in maniera propria di mercato di massa già nel XV secolo. Le recessioni economiche che poco dopo coinvolsero l'intera penisola italiana a partire dalla fine del '500 e che proseguiranno nei successivi secoli, sono moti legati a quella generale decadenza delle regioni italiche che hanno più motivazioni e che trascendono questo breve saggio sul vino e limitato al tardo Medioevo ed al periodo rinascimentale.

Ma ritornando alle conseguenze delle nuove tariffe dei noli sul mercato vinicolo, è da registrare lo svincolarsi del contado dalla rispettiva città. Certo le città limitrofe rimanevano i normali mercati di sbocco per la produzione enologica del contado, ma allo stesso tempo non ne costituivano più il limite massimo di diffusione. Ora si poteva esportare quel vino su lunghe distanze ad un costo che ne avrebbe permesso una maggiore concorrenzialità con i vini locali che più o meno erano nello stesso segmento di mercato (qualitativo). Così quei terreni che avevano dimostrato una certa idoneità alla coltivazione delle varie tipologie vinicole, vennero sottoposti ad una più intensiva coltivazione. E parallelamente si abbandonò la coltivazione in quelli meno idonei. Si veda per esempio i citati casi dei appezzamenti agricoli della famiglia Albizi o delle Compagnie Capponi (vedere capitolo 5.1).

Inoltre si può ben affermare che grazie all'avvenuto efficiente "collaudo" di ogni territorio in funzione della produzione di vino, tale susseguente specializzazione andò a migliorare la qualità del prodotto. Questo perché la vite era stata coltivata "più o meno" forzatamente dappertutto per la necessità di procurare agli adiacenti agglomerati urbani quel tanto di vino indispensabile al sostentamento secondo le esigenze allora correnti. Infatti la precedente condizione di "immobilismo" delle produzioni vinicole era pressoché diffusa in ogni zona d'Italia. Così questa sorta di "collaudo" delle attitudini vinicole dei vari territori si è potuta svolgere con sicura cognizione di causa, esaminando e giudicando l'intero territorio della penisola. È da allora che cominciano ad emergere alcune delle zone che oggigiorno primeggiano con sicurezza.

Tanto per far vedere quanto gravassero i costi del trasporto sul prezzo finale del vino, citiamo l'esempio di uno dei vini più richiesti a Firenze. Un vino che proveniva proprio dal suo contado: il vino rosso di Greve. Ebbene per trasferire del vino "vermiglio" da Greve in Chianti a Firenze era richiesto normalmente 1 fiorino a ettolitro, un aggravio che incideva considerevolmente sulla migliore bevanda della zona. Questo "vino Chianti" di Greve aveva infatti una valutazione di circa 1 fiorino ad ettolitro, di conseguenza con l'aggiunta del costo di trasporto il prezzo ne veniva raddoppiato. Se noi prendiamo in considerazione i vini correnti più comuni e popolari della medesima zona di produzione, o comunque provenienti da medesime distanze e quindi gravati dallo stesso costo di trasporto, questi avevano un costo di circa di 0,20 fiorini ad ettolitro. Ciò vuol dire che il prezzo a seguito del "servigio di trasporto" veniva addirittura moltiplicato per 6, andando a costare addirittura più di un vino Chianti venduto sul mercato di Greve. Ben si capisce come i "noli" rigidi rendessero quindi il vino praticamente "immobile". E si noti che il tragitto da Greve a Firenze è di appena 25 km. Il costo del trasporto via marittima per distanze di gran lunga superiori era molto più moderato. Le navi ne potevano trasportare ampi carichi e ciò abbassava un po' il costo di trasporto. Per fare un esempio a noi vicino e per rimanere in terre italiche, alcuni vini delle aree interne tirrenica e adriatica avevano valori di circa f.2 alla partenza, e di circa 3 o poco più all'arrivo nei porti di destinazione. Ma come ben sappiamo solo pochi vini potevano resistere a lunghi viaggi. Bisogna sempre fare i conti con la natura.

Tanto che siamo in argomento facciamo una rapida carrellata dei vini esteri più prestigiosi e più esportati a livello "internazionale". I migliori erano considerati alcuni vini egei e della costa del Levante. Il vino proveniente da Tiro era forse il più prestigioso in assoluto. Si pensi che uil suo valore per molto tempo equivaleva a dieci volte quello di un ottimo Chianti o di un ottimo Montecarlo, e quest'ultimo era anch'esso un vino bianco. Se il più costoso era il vino di Tiro, di sicuro la più famosa era la celeberrima Malvasia. Un vino originario dalla Monenvasia, città da cui traeva appunto il nome e situata nel Pelopponeso sud-orientale. Il nome di tale città significa "un solo accesso" e la sua posizione a ridosso del mare non ne nasconde la vocazione mercantile nemmeno oggi. Ma la Malvasia a discapito delle sue origine era prodotta ed esportata principalmente da Creta, e successivamente da Rodi.

La Spagna invece né prima della rivoluzione dei noli né per tutto il resto del tardo Medioevo riuscirà ad affermarsi con i suoi vini nonostante ne vennero esportati vari "assaggi" in Italia e nelle Fiandre. Con il risultato di essere stati quasi sempre respinti. La Spagna assumerà un ruolo di primo piano nei mercati vinicoli parallelamente alla sua ascesa politica a partire dal '500. Nell'Europa occidentale il grande produttore ed esportatore di vini, ieri come oggi, era la Francia. Attraverso Bordeaux e La Rochelle esportava principalmente in Inghilterra e nelle Fiandre. Questa grande produzione dei vitigni del sud-ovest aveva preso il posto della fiorente viticoltura altomedievale del nord-est. Un passaggio di consegne che lo storiografo dei vini francesi Roger Dion battezzerà come il trionfo dei vini forti meridionali. Mentre i vini esportati dalle terre di Francia verso l'Italia provenivano da ulteriori altre zone, quella di sud-est: Provenza e Hèrault. Da qua venivano inviati in Italia gustosi moscatelli, tra cui quelli forse più richiesti dal comune di Lunel, che venivano favorevolmente accolti principalmente in Liguria e in Toscana.

7.3 VINI ITALIANI PER IL MERCATO INTERREGIONALE ITALIANO

Vediamo ora quali erano i vini della penisola italiana che andavano per la maggiore durante il periodo rinascimentale. È un buon termine di paragone per i vini toscani con cui essi si dovevano quantomeno confrontare nei più importanti mercati italici. Facciamo quindi una panoramica sulle produzioni vinicole della penisola italiana ritenute di buon pregio e meritevoli delle attenzioni dei mercati esterni alle regioni di produzione. Per esaminare in termini comparativi il valore economico di tali vini usiamo come parametro la moneta internazionale dell'epoca, il fiorino d'oro di Firenze. Una specie di dollaro durante il rinascimento. Moneta che mantenne questo ruolo primario nei mercati europei fino alla caduta della Repubblica fiorentina avvenuta nel 1530. Tra l'altro tale caduta avvenne per mano del Paese che all'epoca eccelleva e superava ogni altro in fatto di esportazioni vinicole, la Francia. Su questa strada ha continuato per lungo tempo. Tale valore in fiorini è espresso per unità di misura equivalenti, in questa sede abbiamo tramutato tutto in ettolitri.

Le terre italiane più prestigiose in fatto di produzioni vinicole erano certamente quelle del mezzogiorno. Il sud Italia già all'epoca esportava grandi quantitativi di vino, in particolar modo delle qualità dette "grechi". Vini che godevano di gran prestigio e quindi di gran mercato. La Calabria e la Puglia erano le regioni italiane che avevano sviluppato ben prima delle altre un florido mercato enologico, riversando i loro pregiati vini principalmente sulle rispettive coste. La Calabria risalendo il Tirreno, la Puglia solcando l'Adriatico e rivolgendosi ad entrambe le sue sponde. La Puglia addirittura non esportava soltanto i suoi famosi "grechi", ma esportava anche, udite udite, tutta una serie di altri vini locali che non si fregiavano di tale denominazione qualitativamente distintiva. Questo è un dato di fatto del tutto eccezionale, e che attesta l'eccellenza dei suoi vini. L'esportazione dei vini pugliesi era già all'epoca considerevole. Si pensi che ancor prima della rivoluzione dei noli i suoi vini venivano esportati a Venezia e in Dalmazia, e riuscivano anche a far concorrenza ai "grechi" calabresi e siculi sullo stesso mar Tirreno. Li si ritrovano infatti sia a Napoli che in Toscana. Probabilmente in quest'ultima meta ci arrivavano per interposta persona proprio grazie al florido mercato vinicolo di Napoli.

Napoli era infatti un grande mercato vinicolo che faceva da polo d'attrazione per i vini pregiati del sud Italia, i quali poi venivano riesportati verso altri lidi, tra cui Pisa e Firenze. A Napoli confluivano i pregiati "grechi" siculi e calabresi, oltre che come visto i pregiati pugliesi. Ovviamente nella capitale partenopea confluivano anche i vini dell'entroterra campano, soprattutto dalle zone di Avellino, Benevento, e dalle falde del Vesuvio. Stiamo parlando di vini molto apprezzati che si riversavano a Napoli in misura di gran lunga superiore al fabbisogno, per essere poi imbarcati verso altre mete finali. I porti di smistamento campani non si limitavano alla sola città partenopea, segnaliamo tra gli altri anche Torre del greco, Castellamare di Stabia e Salerno. Di sicuro la Campania attraverso Napoli era la regione che più di ogni altra assolveva al duplice compito di essere un grande emporio di confluenza per le proprie produzioni, ed al contempo sede di importazioni temporanee da altre regioni. *"Si può senza tema di smentita asserire che Napoli è stata il maggiore porto vinicolo del Quattrocento nell'area del Mediterraneo"* (Melis in: Dini 1980, p.22). Vista l'eterogeneità dei vini presente sul mercato vinicolo napoletano, a Napoli fin da quei tempi vi era il problema della contraffazione. Problema relativo alla mistificazione dei vini. Un dilemma tutto campano che sfociava nella possibilità o meno della distinzione tra i vini "grechi" e quelli "latini". Problematica che noi qua tralasciamo. Di certo qualche ambiguità di provenienza avrà lasciato margine a contraffazioni assai remunerative, visti i notevoli quantitativi che se ne spedivano nell'Italia settentrionale e centrale.

L'altro grande mercato enologico meridionale era quello di Tropea. Limitatamente ai vini "grechi" costituiva forse il mercato principale. La Calabria era d'altronde con la Puglia la regione che prima di ogni altra sviluppò un florido commercio vinicolo. Da Tropea i vini risalivano l'intero Tirreno, e la stessa importanza del mercato di Napoli lo si deve soprattutto al ruolo da intermediario che fungeva nei confronti di Tropea. Ma Tropea risaliva il Tirreno anche senza avvalersi del ruolo di intermediario di Napoli, spingendosi a Gaeta, Roma, Porto Pisano e Genova. Ma non è tutto. Con l'inizio della nuova stagione sancita dalle nuove tariffe dei noli, Tropea si colorò di quell'alone internazionale che la faceva luccicare come un diamante in mezzo ad un sacco di monete di rame. A seguito della rivoluzione dei noli i suoi vini partirono anche per mete ben più lontane delle coste tirreniche italiane. Gran quantitativi di vino calabrese era inviato a Maiorca, Barcellona, Valencia, ed anche addirittura verso il Mare del Nord, Londra e Bruges in primis. Per rendere l'idea nel 1396 da un unico porto si arrivò ad esportare 5000 botti verso le sole mete extra italiche. Vi furono navi adibite al solo trasporto del vino calabrese. Abbiamo addirittura documentazione di una nave salpata per Barcellona con un carico esclusivo di ben 1200 botti di vino, ed un'altra dal tutt'altro che indifferente carico di 800 botti diretta a Bruges. Carichi che nel volume forse erano eccezionali, ma che non lo erano nella frequenza.

Per completare la panoramica sui vini pregiati del sud Italia non possiamo non spendere due parole sulla Sicilia. I suoi grechi erano da sempre considerati con favore nei mercati italici, in tal senso la faceva da padrone la Sicilia di parte ionica assieme ai vini provenienti da altre tre località ben delimitate da cui tali vini traevano il nome: si trattava del "Siracusano", dell' "Etna" e del "mamertino". Vini che non solo risalivano il Tirreno verso la Toscana e la Liguria, ma che si facevano vedere e ben valere anche a Venezia. È da dire, anche qua, che le esportazioni di vino siciliano si indirizzavano principalmente verso Napoli, meta dove confluivano i meno costosi ma pur sempre rinomati vini di Palermo.

Risalendo verso nord ci imbattiamo in Roma. La città eterna non era nota per i vini da esportazione, ed il motivo non risiedeva tanto nella scarsa considerazione qualitativa che i suoi vini riscontravano nei mercati, ma era dovuto principalmente al fatto che Roma medesima era uno straordinario centro di consumo di vino, che quindi accentrava su di sé l'intera produzione locale. I papi erano dei buongustai, e non da meno lo erano le loro "corti". I cardinali non venivano di certo da famiglie poco abituate a gustare vini pregiati, ed erano ben lontani dall'accontentarsi del costume popolare di bere "aceto". I vini che più copiosamente si riversavano a Roma erano quelli dei Castelli Romani, sia bianchi che rossi, quelli attorno al lago di Bolsena, e quelli della Ciociaria e della Sabina. Non sono vini noti fuori di Roma proprio a causa della grande richiesta di vini proveniente da Roma. I soli vini esportati dal Lazio erano quelli di Formiano e soprattutto di Mondragone. Non fanno molto testo in questo senso i vini del Viterbese che venivano esportati nella vicina Umbria. Mentre di senso inverso, dall'Umbria al Lazio sono da segnalare i vini di Orvieto. Trattasi sia di bianchi trebbiani, sia di vini rossi molto apprezzati non solo a Roma ma anche su altri mercati. Era questo il motivo per cui venivano acquistati anche da operatori economici fiorentini, come gli Strozzi ed i Capponi.

Rimanendo nel centro Italia, le attuali Marche in quanto produzione vinicola possono essere divise in due. Chissà se ciò verrà tenuto in considerazione per un'eventuale prossima nuova suddivisione amministrativa dell'Italia. A sud di Ancona si riscontrava una buona esportazione di vini rossi e bianchi, soprattutto tra Sirolo e Numana. I vini più pregiati della regione però dovevano essere quelli di

Ascoli che andavano ad Ancona per poi essere esportati in Dalmazia, assieme a più copiose esportazioni dall'Abruzzo. Le destinazioni per entrambi i vini erano Ragusa (l'odierna Dubrovnik), Curzola, Spalato e Sebenico. Almeno stando all'indagine di Melis presso l' Archivio Storico di Ragusa. A nord di Ancona invece i vini erano leggeri e non soggetti a chissà quali esportazioni. Sembrerebbe da dire tutt'altro. Le vicine colline romagnoli all'opposto si distinguevano per vini ben più forti e "neri". Avevano una buona reputazione e si ritrovano spesso in Emilia, soprattutto a Bologna, il maggior centro di consumo di vino della zona. Ma li ritroviamo anche in Toscana, a Firenze e a Prato in particolar modo. Diverso il caso dell'Emilia che offriva vini "pieni di spuma" e profumati. Quasi certamente da identificare con i vari lambruschi ancora oggi tipici di quei territori e paesaggi. Imola, Parma e Modena erano i centri i cui territori avevano maggior rinomanza in tal senso.

Ma più che dal centro, i vini migliori venivano dal nord. Dalla Liguria principalmente. Molto si è già detto sulla vernaccia delle Cinque Terre. Un vino passito, liquoroso, bianco, noto in tutta Italia. Lo ritroviamo fin dal XIII secolo nel mercato di Pisa, e poco dopo in altri ambiti italiani. Firenze, Roma e attraverso il passo della Cisa anche nella pianura padana. Addirittura era esportato all'estero, in

Spagna e nel Mare del Nord. Ed è anche da aggiungere che dalla Liguria partivano per mete lontane, fino a Bruges e Londra, anche vini bianchi meno rinomati, a testimonianza della fama che queste terre avevano sui mercati del vino. In Toscana, che pure era una terra dalla copiosa produzione vinicola, oltre ai vini di pregio, si importava dalla Liguria anche il meno costoso vino comune delle Cinque Terre. Erano poi noti i vini provenienti da Coronata, S. Margherita e anche dalla zona di San Romolo, ovvero l'odierno Sanremo. All'epoca meno nota per le canzoni (per i festival canori) e ben più per il vino di quanto non lo sia oggi.

Anche i vini piemontesi si difendevano bene. Soprattutto quelli ricavati dal celebre vitigno nebbiolo, che venivano frequentemente esportati a Genova e in Lombardia. Tra questi i vini dei dintorni di Alba, con il loro caratteristico invecchiamento, sono forse i più pregiati, trattasi del "barolo" e del "barbaresco". Prodotti ovviamente ancor oggi con il 100% del vitigno "nebbiolo", se si tratta di DOCG. Altri vini piemontesi di un certo pregio in quel periodo erano sicuramente i moscati. Questi vini piemontesi confluivano abbondantemente in Lombardia e in principal modo a Milano, centro gravitazionale per tutti i vini locali. Sicché i soli vini lombardi di esportazione furono quelli della

Valtellina, indirizzati verso i Grigioni, ovviamente, ma anche più oltre visto che li si ritrovavano anche a Ginevra.

Per quanto riguarda la repubblica di Venezia, la produzione regionale si incanalava verso i grandi centri abitati, in particolar modo come è ovvio attendersi verso Venezia medesima. Tale moto andò accentuandosi in seguito alla "politica della terraferma" che accentuò i già stretti rapporti di Venezia con il suo hinterland. Le zone di produzione principali erano la regione di Treviso, la vallata del Piave, e Verona. Il vitigno tipico del veronese all'epoca era l' "acinatico". Anche i vini dal Friuli erano presenti nelle cantine veneziane, non per la loro qualità, ma per il loro bassissimo costo. Alcune varietà arrivavano a costare nel mercato di Venezia appena mezzo fiorino all'ettolitro, e si consideri che Venezia per ovvi motivi non poteva avere una produzione enologica locale. Si tratta quindi di prezzi più che popolari atti a far contenti i marinai della laguna. Ad ogni modo l'attrazione di Venezia e degli altri centri urbani veneti, in particolar modo Padova e Vicenza, era tale da assorbire tutta la produzione regionale e da azzerare quindi qualsiasi esportazione extra regionale almeno fino alla fine del '500. *L'unica eccezione concerne un prodotto più "orientale", la "ribola" di Capodistria che arrivava fino a Bologna dove è detto essere nettamente superiore ad un'altra locale ottenuta ad Imola."*(Melis)

Un'analisi della produzione vinicola italiana durante il rinascimento non può trascurare la Corsica. Non solo perché allora apparteneva a Genova, ma perché il suo sistema economico era incentrato quasi esclusivamente sull'Italia. Ed è proprio sull'Italia che la Corsica riversava quasi tutta la sua produzione vinicola. Vini che attraverso il porto di Pisa venivano poi introdotti in tutto il centro-nord della penisola, a Milano come a Venezia.

Mettendo sullo stesso tavolo le varie produzioni regionali è indubbio che i vini più pregiati erano i "grechi" del sud Italia e la vernaccia ligure. I vini liquorosi della Liguria arrivavano a 4,5 fiorini per ettolitro, seguivano poi i pregiati bianchi della Campania 4,20, Corsica 4,10 e Calabria 3,90. Ma anche ovviamente Puglia e Sicilia sono da annoverare tra i bianchi di gran pregio con un valore intorno a 3,50. Se andiamo invece a considerare le produzioni più economiche, allora era il centro-nord dell'Italia a far felice la maggioranza della popolazione. Alle Marche la palma d'oro del vino a basso costo, alcuni vini erano venduti ad appena 0,20 f. per hl. Anche se grosso modo in tutto il centro-nord i vini dai prezzi più bassi si aggiravano all'incirca sulla stessa cifra. Le attuali Emilia

Romagna e Umbria facevano la felicità degli squattrinati con prezzi minimi rispettivamente di 0,23 e di 0,30 fiorini. Ed anche a nord si trovavano vini a basso costo, si ricorderà la Repubblica di Venezia con i suoi vini friulani ma anche con altre produzioni locali di appena 0,25 f. Si tenga in considerazione che nei mercati meridionali prezzi così bassi erano impensabili. In Calabria e Campania i prezzi minimi si aggiravano comunque attorno ad 1 f. per hl., mentre in Corsica addirittura il valore minimo era di 1,90 f.; se paragoniamo questi valori al Chianti di qualità bianca che veniva pagato in Firenze a 1,50 f. per hl., si comprenderà bene i valori relativi. Insomma i contadini si accontentavano di bere il loro "aceto" senza andarsi a cercare qualcosa a basso costo, mentre i cittadini delle varie città italiane erano più fortunati al centro-nord rispetto a quelli meridionali, a patto che fossero di bocca tonda.

7.4 COSTI ED ESPORTAZIONI EXTRAREGIONALI DEL VINO TOSCANO DI ALTO LIVELLO QUALITATIVO

Per esprimere il valore di un vino abbiamo un valido parametro: il suo prezzo nel mercato interno. I prezzi che riportiamo, come nel precedente capitolo, sono espressi in fiorini d'oro di Firenze per ettolitro.

Come più volte ribadito, in Toscana i vini bianchi erano i vini più prestigiosi, e solitamente prestigioso fa rima con costoso. Grosso modo erano tutti vini compresi tra fiorini (f.) 1,80 e 2,85. Eccedevano tale limite "alto", i "grechi" e la "vernaccia" di San Gimignano, ammesso e non concesso che queste due tipologie siano da distinguere. Questi vini raggiungevano il valore di 3,55 f. per hl. I bianchi "veramente" "grechi" o levantini, come già menzionato, potevano assurgere a valori impressionanti per l'epoca, anche superiore ai 12 fiorini. Il bianco invece proveniente dal Chianti aveva un valore piuttosto modesto, eccedeva in negativo tra i bianchi quanto in positivo eccedevano i vini rossi della stessa regione. La Società Datini di Firenze aveva pagato infatti tale bianco dal Chianti appena 1,50 f. L'attestazione di tale transazione commerciale aveva dato adito ad alcune problematiche analizzate anche in questa sede (vedere capitolo 5.3). Sarebbe stato anche un buon valore per un vino rosso, ma non si può dire altrimenti per un bianco.

I vini rossi avevano prezzi ben più popolari. Il Chianti era quello che eccelleva e ovviamente se ne aveva un riflesso sul prezzo. Era il più caro e toccò l'apice in una partita importata a Firenze nel 1481 dalla famiglia Strozzi, la stessa del grande palazzo in centro a Firenze. Il vino proveniva da Volpaia, allora detta "Golpaia", e superò i 2 fiorini ad hl. Sebbene il prezzo fosse notevole la stessa famiglia ne rimase così soddisfatta da ordinarne copiosi quantitativi anche in altre occasioni. In genere comunque il Chianti aveva un valore che sebbene fosse di tutto rispetto per i vini rossi, si limitava generalmente ad 1 fiorino per ettolitro. Mentre il vino rosso più comune e popolare, come precedentemente riportato, aveva un valore intorno ai 0,20 fiorini.

Spostandoci a considerare le esportazioni extra-regionali dei vini toscani, si fa strada una prima considerazione che funge da premessa. Premessa da aggiungere a tutto quello che già sappiamo riguardo la rivoluzione dei noli, alle sue conseguenze, e alla situazione ad essa antecedente. Malgrado molte zone si misero in evidenza per ottime produzioni, l'esportazione di vino fu assai limitata soprattutto a causa dell'aumento della domanda interna che quindi ne limitava il surplus da esportare. Di conseguenza le esportazioni di vino toscano fuori di regione furono quasi insignificanti, almeno all'inizio del XV secolo.

Detto ciò rileviamo che verso la metà del Quattrocento si registrano esportazioni di vini da Piombino, dove confluivano non solo vini locali ma anche quelli dell'isola d'Elba e del Giglio, verso Tunisi. Caso assai particolare visto il divieto di bere vino nelle terre dell'Islam. D'altronde l'esportazione verso la Tunisia non doveva essere una mera casualità se si considerano che anche altre navi salpate dal vecchio porto di Lucca, ovvero Motrone, e dal nuovo, ovvero il porto di Viareggio, erano sempre indirizzate verso la Tunisia, oltre che principalmente verso Roma. Ma qua ci si sorprende meno visto che al soglio di San Pietro la reputazione del vino aveva ben altro gradimento.

Nel corso del Quattrocento un po' per la rivoluzione dei noli (vedere capitoli dedicato) e un po' per le sempre più riconosciute attitudini di varie zone che sotto una costante sperimentazione assursero a ottimi livelli qualitativi ci fu un costante aumento nell'esportazione dei vini. Questi si instradarono verso altri stati regionali italiani e d'oltre alpe. Certo non siamo a livelli così notevoli da indurre a parlare di produzioni per l'esportazione ma ad ogni modo qualcosa avviene. Più che altro da queste favorevoli condizioni si avvantaggiò prevalentemente, in certi momenti quasi esclusivamente, il vino Chianti (vedere capitolo 5.3). Si tratta del vino toscano da esportazione per eccellenza, che diverrà ben presto anche il vino italiano da esportazione per eccellenza. Durante l'età moderna questo vino supererà nell'esportazione anche i vini meridionali, fino a rimanere quasi l'unico vino italiano presente nei mercati esteri. Non è questione che riguardi questo saggio, ma sarà nel XVIII secolo che il vino toscano, ma è quasi e sempre soltanto il Chianti, si formerà una solida e consolidata reputazione all'estero per le sue doti di genuinità e originalità.

BIBLIOGARFIA

Affortunati Parrini, A., (a cura di), 1984, I vini italiani nel Medioevo, Le Monnier, Firenze.

Bee, C., 1968, Deux lettres de marchands mumanistes fiorenti du début du XV siècle, in "Bibliothèque d'Humanisme et Renaissance", XXX (1968), pp.109-110.

Bressanin, S., 2008, Il romanzo della riviera del Brenta, Padova, il prato 2008.

Canfora, D. (a curadi), 2002, Erasmo da Rotterdam, Adagi, Salerno Editore, Roma.

Canfora, L. (a cura di), 2001, Ateneo di Naucrati, I Deipnosofisti – i dotti a banchetto, Salerno Editore, Roma.

Casabianca, A., 1908, Guida storica del Chianti, Firenze.

Cherubini, G., 1997, *Il lavoro, la taverna, la strada. Scorci di Medioevo*, Liguori Editore, Napoli.

Cherubini, G., 1979, "La mezzadria toscana delle origini",in: AA. VV.,1979.pp. 131-152.

G. Cherubini, 1974, *Signori, contadini, borghesi. Ricerche sulla società italiana del Basso Medioevo*, La Nuova Italia, Firenze, p.423.

Conti, E., 1966, I catasti agrari della Repubblica fiorentina ed il catasto particellare toscano (secoli XIV-XIX), estratto da: La formazione della struttura aagraria moderna nel contado fiorentino, vol.III, Roma 1966.

Dalmasso, L., 1931, Storia della vite e del vino in Italia Vol. II, Enrico Gualdoni Editore, Milano.

De Angelis, L., 1981, "Tecniche di coltura agraria e attrezzi agricoli alla fine del Medioevo", in: AA. VV., 1981, pp. 214-215.

De' Crescenzi, P., Trattato della Agricoltura, Traslatato nella favella Fiorentina, rivisto dallo 'Nferigno, Società tipografica dei Classici italiani, Milano, 1805.

La Bibbia

Melis, F., 1967, Il consumo del vino a Firenze nei decenni attorno al 1400, in: Arti e Mercature, Camera di Commercio di Firenze, IV (1967).

Davidsohn, R., (traduz. Eugenio Dupre-Theseider), 1929, *Firenze ai tempi di Dante*, Bemporad, Firenze.

Dini , B. (a cura di), 1980: Melis, F., 1980, Una pratica di mercatura (1394-1395), Le Monnier, Firenze.

Melis, F., 1964, Werner Sombart e i problemi della navigazione nel Medioevo, in: "L'opera di Werner

Sombart nel centenario della nascita", Economia e Storia 8, Milano, pp. 87-149

Farinelli, F., 2012, *L'invenzione della Terra*, Sellerio editore, Palermo.

Finzi, R., 2007, *Mezzadria svelata? Un esempio storico e qualche riflessione fra teoria e storiografia*, CLUEB, Bolologna

Fiumi, E., 1961, *Storia economica e sociale di San Gimignano*, Olschki, Firenze.

Isaacs, A.K., 1979, "Le campagne senesi fra quattro e cinquecento, regime fondiario e governo signorile", in: AA. VV., pp. 377-403.

Melis, F., 1967, *I più antichi documenti che presentano il termine Chianti applicato ai vini*, in "Vini d'Italia", IX, 1967, pp. 357-359.

Melis, F., 1971, *Gli aspetti economici e mercantili dei prodotti dell'agricoltura e dei vini toscani in rapporto al loro commercio nel mondo (secoli XIV-XVI)*, in *Atti del Secondo Convegno dell'Accademia Italiana della Cucina, (Siena-Firenze 9-11 Maggio 1969)*, Atelier del Libro, Milano, pp. 19-48.

Melis, F., 1972, *Produzione e commercio dei vini italiani (con particolare riferimento alla Toscana) nei secoli XIII-XVIII*, in "Annales Cisalpines d'Histoire Sociale", s. I, 3, 1972, pp. 107-133.

Montanari, N., 1979, *L'alimentazione contadina nell'alto medioevo*, Liguori Editore, Napoli.

Muzzi, O. – Nenci, M. D. (a cura di), 1988, *Il contratto di mezzadria nella Toscana medievale. II,* Olschki, Firenze.

Parenti, P.- Raveggi, S. (a cura di), 1998, *Statuto della Lega del Chianti (1384), con le aggiunte dal 1413 al 1532,* Polistampa, Firenze

Pinto, G., 2002, *Campagne e paesaggi toscani del Medioevo*, Nardini Editore, Firenze.

Pinto, G. – Pirillo, P., (a cura di), 1987, *Il contratto di mezzadria nella Toscana medievale. I,* Olschki, Firenze.

Sacchetti, F., *Il Trecentonovelle,* a cura di Faccioli, E., 1970, Einaudi, Torino.

B. Santi (a cura di), 1976, Neri di Bicci, *Le Ricordanze (10 marzo 1453 – 24 aprile 1475)*, a cura di B. Santi, Marlin, Pisa, pp. 20, 62, 199

Tanaglia, M., *De Agricoltura*, a cura di A. Roncaglia, 1953, Palmaverde, Bologna.

M. Tuliani, 1997, *Mercati all'aperto e commercio ambulante a Siena e nel suo contado (sec. XIII-XV)*, (Dottorato di ricerca), Firenze, pp. 65-66.

Finito di stampare nel mese di Dicembre 2015
per conto di Youcanprint *Self-Publishing*